삶의 의미

KATHARINA CEMING
SINN ERFÜLLT

Translated by LEE Seunghee
Korean translation copyright © 2025 by Benedict Press, Waegwan, Korea.
Korean translation rights arranged with Vier-Türme GmbH, Verlag through
AVA international GmbH, Germany.

삶의 의미

2024년 12월 31일 교회 인가
2025년 1월 16일 초판 1쇄

지은이	카타리나 체밍
옮긴이	이승희
펴낸이	박현동
펴낸곳	성 베네딕도회 왜관수도원 ⓒ 분도출판사
찍은곳	분도인쇄소

등록	1962년 5월 7일 라15호
주소	04606 서울시 중구 장충단로 188 분도빌딩(분도출판사 편집부)
	39889 경북 칠곡군 왜관읍 관문로 61(분도인쇄소)
전화	02-2266-3605(분도출판사) · 054-970-2400(분도인쇄소)
팩스	02-2271-3605(분도출판사) · 054-971-0179(분도인쇄소)
홈페이지	www.bundobook.co.kr

ISBN   978-89-419-2501-9   03230

삶의 의미

카타리나 체밍 지음 ✦ 이승희 옮김

분도출판사

차례

내 삶은
의미가 필요한가?

나는 오래전부터 '무엇이 성공하는 삶을 만드는가?'라는 질문을 깊이 탐구해 왔다. 그래서 코로나 팬데믹 시기에, 이 위기 극복에 도움이 되는 철학적 인식이 있느냐는 질문을 끊임없이 받았다.

우선 앞의 질문에 대해 아주 간단하게 답하고 싶다. 나는 철학과 철학이 주는 통찰을 열렬히 사랑하지만, 삶의 모든 문제를 풀어 주는 보편적 해법이 철학 안에 있다고 생각하지는 않는다. 특히 코로나 팬데믹으로 인해 발생한 문제를 분석할 때 이 생각의 타당성이 더욱 두드러진다. 경제적 생존의 위협, 적합하지 않은 주거 환경, 사회적 접촉이 없는 고독 혹은 과도한 업무와 육아 등 고통받는 상황에 따라 생기는 문제가 다르다. 코로나 팬데믹으로 인한 문제에 대한 많은 조언은 개인의 회복 탄력성 강화를 특별히 강조한다. 물론 팬데믹으로 인한 문제들은 근본적으로 경제적 특성이 있고 개인의 노동력에 과부하를 주긴 하지만, 정신적 저항력 강화가 무언가를 개선하는 데 늘 필수적인 중요 도구는 아니다. 회복 탄력성과 관점을 바꿀 줄 아는 능력은, 우리의 확신이 삶을 더 어렵게 만드는 상황에서는 도움을 준다. 그러나 나는 이 두 가지 능력이 개인의 태도와 무관한 문제를 해결하는 데 적절한 도구는 아니라고 생각한다. 물론 나와는 다른 관점에서 이 문제를 바라보는 철학 사조들도 있지만, 그런 철학적 경향은 극히 일부에 불과하다.

나는 삶을 성공으로 이끄는 요인을 탐구하면서 다른 사실을 하나 알게 되었다. 우리는 행복에 대단히 큰 관심을 쏟는다는 사실이다. 그런데 인생의 성공에서 행복은 필수 요소가 아니다. 적어도 행복이 행복하다는 느낌을 뜻하는 한 성공에서 반드시 필요한 것은 아니다. 행복감은 감정의 상태다. 감정의 상태는 늘 왔다

갔다 하므로 행복감은 유동적이다. 우리는 그 상태를 고정할 수 없다. 이런 행복감을 느끼기 위해서는 소위 뇌의 쾌락 중추를 활성화하는 자극이 필요하고, 이 자극은 처음 기대보다 더 높아야 한다. 이런 자극이 사라지면 새로운 행복감은 생기지 않는다. 그러므로 행복 추구는 더 높은 기록을 향해 달려가는 엘리트 스포츠와 비슷하다. 행복해지려면 행복 자극제를 더 많이 끊임없이 만들어야 하기 때문이다.

그러나 나는 행복에 집중하는 것이 늘 유용하다고는 생각하지 않는다. 삶에는 다른 측면도 있기 때문이다. 행복은 정의定義 자체에 긍정적 의미를 담고 있다. 그러나 삶은 우리에게 늘 달콤한 것만 주지 않는다. 삶의 고통스러운 면을 견디는 데 도움을 주는 것을 찾고 있다면, 행복에서 삶의 의미로 초점을 옮기는 것이 더 좋을 것이다.

오늘날 삶의 의미에 관해 말하면 곧장 이런 질문이 돌아온다. "그런데 삶의 의미라는 게 있기는 한가?" 내가 생각하기에, 사람들은 주저 없이 이 질문에 '그렇다'라고 대답할 수 있지만, 모든 사람에게 동일하게 적용

되는 한 가지 의미는 존재하지 않는다. '삶의 의미'라는 개념 뒤에는 우리가 각자의 삶을 의미와 가치 있는 것으로 경험하는 데 영향을 주는 여러 요소가 숨어 있다. 의미는 결코 고정된 것이 아니다. 삶의 조건과 상황이 바뀌면 지향하는 의미 체계가 흔들릴 수 있고, 이때 우리는 자신을 받쳐 주고 방향을 제시해 줄 무언가를 다시 찾아 나서게 된다.

삶의 의미는 이처럼 개인에 따라 제각각이지만, 심리학 연구와 철학 전통이 의미 있는 삶의 기초라고 여기는 몇 가지 요소가 있다. 바로 이 요소들이 이 책에서 다루는 주제다. 그 밖에도 이 책에는 나의 직업적·개인적 관심 때문에 "삶의 의미"라는 주제에 몰두하는 사람들을 끊임없이 연구하면서 생겨난 나의 생각과 영감이 들어 있다.

당신이 개인적으로는 비록 삶의 의미를 찾는 사람이 아니더라도, 이 책에서 성공하는 삶을 위한 몇 가지 혹은 하나의 영감은 분명히 얻을 수 있을 것이다.

삶의 의미란
진정 무엇을 뜻할까?

일상에서 어떤 일이 의미가 있다고 말하면, 우리는 대부분 그 일이 유용하거나 필요하거나 적절하거나 혹은 목적에 맞다고 생각한다. 예를 들어, 나는 특정 작업을 즉시 처리하여 다른 작업을 위한 정신적 여유를 확보하는 것이 의미 있는 일이라고 여긴다. 여기서 의미 있다는 말은 목적에 맞다는 뜻이다. 어떤 일은 그 자체가 목적이 아니라 다른 일을 완성하기 위한 수단인 경우가 있다. 예를 들어, 내가 씨름하는 어떤 과제의 목적은 새로운 프로젝트나 다른 일을 수행할 정신적 여유를 얻는 데 있다. 여기서 목적은 대부분 '무엇을 하기 위함'이다.

그러나 삶의 의미에 관한 이야기에서 의미는 이런 목적 차원보다는 우리 안에 공명을 일으키는 것, 우리가 중요하게 여기는 것과 관련이 있다. 말하자면, 삶의 의미는 우리가 각자의 삶을 가치 있다고 생각하는지와 관련된 문제다. 이렇게 우리는 삶의 가치를 표현할 때도 '의미 있다'라는 개념을 사용한다. 그러므로 '의미 있다'라는 개념 안에 어떤 차원들이 들어 있는지 자세히 살펴보는 일은 유용할 것이다.

알베르 카뮈는 삶의 의미를 묻는 것이 철학의 핵심을 건드린다고 보았다. "삶이 살아갈 가치가 있는지, 없는지를 결정하는 일은 철학의 근본 문제에 대답하는 것이다. … '지구가 태양 주위를 도는가 아니면 태양이 지구 주위를 도는가'라는 질문은 근원적으로 같은 질문이다. 구체적으로 말하자면, 이 질문은 가치가 없다. 반면에 나는 많은 사람이 인생을 살 가치가 없다고 여겨서 죽음을 택하는 것을 본다."[1]

이 우주 혹은 우리 인간의 존재 이유를 묻는 질문도 의미의 차원을 건드리지만, 이런 질문은 종교나 형이상학의 관점에서만 대답할 수 있다. 이런 질문에 답하는 일이 자신의 삶에서 의미를 경험하는 데 반드시 필요하지는 않다. 이 세계는 오직 신의 의지에 근거해서 존재한다고 확신하면서도 자기 삶은 의미가 없다고 느낄 수도 있다. 우주에 더 높은 차원의 의미는 없고, 인류가 존재하는 것은 순전히 우연일 뿐이라고 확신하면서도 자기 삶은 의미 있는 것으로 경험할 수도 있다.

보통 우리는 뭔가 어긋난다고 느낄 때, 잘 돌아가던 일이 갑자기 덜컹거리고 멈출 때, 자신이 하는 일이 기대만큼 가치 있다는 경험을 하지 못할 때 삶의 의미를 묻는다. 그런데 삶의 의미를 두고 의문에 빠질 수 있는 상황에서 모든 사람이 위기를 겪는 것은 아니다. 인스부르크 대학교 심리학 교수 타탸나 슈넬과 그의 연구진은 의미 연구에서 소위 의미에 무관심한 사람이 있다는 것을 발견했다.[2] 이들은 삶의 의미에 관해 질문하지 않으며, 삶의 일관성이 깨지거나 의미가 사라지는 상황에서도 좌절하지 않는다. 더욱이 이들은 자기 참조 능력이 부족하고 어떤 일에 헌신할 생각도 없는데, 사실 모든 일이 어떻게 되든 이들에게는 상관이 없기 때문이다.

아마도 어떤 사람은 어떤 성격적 특성 때문에 다른 사람들보다 의미에 관한 질문에 더 몰두할 것이다. 그러나 어떤 사람이 특별하거나 의미 있는 삶의 목표가 없다고 해도, 그것이 그가 자기 삶을 어떻게 느끼는지를 말해 주지는 않는다.

나는 의미에 관한 질문이 개인적 이유뿐 아니라 사회 변화의 영향도 함께 받는다고 확신한다. 삶의 의미를 탐색하는 일이 사회 담론에서 중요한 역할을 하던 시기도 있었고, 거의 눈에 띄지 않던 때도 있었다. 국가사회주의가 붕괴된 이후 1950년대 독일을 보면 형이상학적 관념과 폐쇄된 의미 체계를 회피하는 경향을 관찰할 수 있다. 제2차 세계대전이 끝난 후 독일인들은 그때까지 의미를 제공하던 나치 이념이 다른 이념들과 충돌한다는 것을 하루아침에 인식해야 했다. 전쟁 이후 독일에서 중요했던 것은 의미가 아니라 평범함이었다. 이런 상황에서 등장한 68운동은 안락함을 추구하는 비더마이어 경향의 당시 문화를 공격한 정치적 저항이었다. 68운동은 나치 시대와의 논쟁을 회피하던 당시 문화를 기만적이라고 보았다. 68운동과 연결된

히피 문화는 더 깊은 내면에 도달하고 더 많은 의미와 가치를 얻기 위해 영성과 심리 분석을 발견했다.

포퍼문화(Popperkultur: 1980년대 전반기 독일 및 오스트리아에서 유행했던 청소년 문화 조류. 과거 청소년 문화와 달리 대세 순응적·비정치적 성격을 표방했고, 소비문화를 옹호했다 - 역자 주)와 여피yuppie문화 그리고 신자유주의의 등장과 함께 1980년대에 의미라는 주제는 공공 담론에서 다시 사라졌고, 2000년대 초반 영성과 느림의 문화에 관한 관심이 커지면서 다시 활성화되었다. 오늘날 Y와 Z세대는 특별히 직업이라는 맥락에서 의미의 경험을 매우 중요하게 여긴다. 이 세대 이전 어떤 세대도 일이 '의미 충만감'을 충분히 주어야 한다고 요구하지 않았다. 실제로 일이 의미와 연결되어야 하는지는 다른 문제다. 직업에서 지나치게 큰 의미를 기대하는 것은 큰 실망을 경험할 가능성이 상대적으로 높은데, 현대 노동 분업 사회에서는 소수의 직업 영역만이 '의미 충만'이라는 범주를 충족하기 때문이다. 이와 함께, 자신의 직업에서 충만한 의미를 경험한 사람들은 오히려 자기 착취로 이어지는 경향이 있고, 이 경향이 지속되면 정신

건강에 좋지 않다.[3] 자신의 일이 의미 있다고 경험하는 것은 멋진 일이지만, 의미로 채워진 삶을 위해서 일이 짐으로 느껴지지 않는 것만으로 충분하다. 의미 충만 감은 아주 다양한 원천에서 나오므로 직업과 일이 의미 충만의 가장 중요한 기준은 아니다.

우리 삶에 의미와 가치를 주는 것은 무엇인가

기쁨이나 행복과는 달리 의미는 강렬한 행복감을 만들지 않고, 대신 조화로움을 느끼게 한다. 우리는 의미 그 자체를 전혀 인지할 수 없는데, 의미는 감정이나 어떤 사물의 속성이 아니기 때문이다. 말하자면, 우리는 언제나 의미의 차원에 간접적으로 접근할 뿐이다. 삶의 의미를 연구하는 심리학자 타탸나 슈넬은 의미 충족에서 핵심이 되는 네 가지 요소를 이야기한다. 네 가지 요소란 "통일성, 의미 있음, 지향, 소속감"이다.[4] 여기서 의미 충족이란 "자신의 삶이 의미 있고, 고귀하며, 살아갈 가치가 있다는 근본적 체험"[5]을 뜻한다.

'통일성'은 지금 하는 일, 성취하고 싶은 일이 자신

이 지향하는 가치와 일치한다는 뜻이다. 통일성이 있을 때 우리는 자신이 구성한 인생 계획이 일관된다고 느낀다. 당신이 삶을 어떻게 꾸려 가고 싶다는 특정한 생각이 있다면, 그 생각을 실현하기 위해 목표를 정할 것이고, 그 이상에 도달하기 위해 무언가를 할 것이다. 당신의 행동이 당신의 목표를 이루는 데 방해가 되거나, 심지어 당신이 지향하는 이상에 도달하는 데 방해가 되는 목표를 세운다면, 당신 삶은 통일성이 없다.

'의미 있음'은 우리가 어떤 일을 하든, 하지 않든 그것이 중요하다는 것을 느끼고 싶다는 뜻이다. 살면서 하는 일들 가운데 중요하지만 의미가 없는 일도 많다. 세금 신고는 세무서와 귀찮은 문제를 만들지 않기 위해서 해야 할 중요한 일이지만, 충만함을 주는 일은 아니다. (몸과 마음을 다하여 일하는 세무사라면 자신의 업무에서 충만함을 느낄 수도 있다.) 의미가 있는 일은 우리에게 가치가 있다. 그런 일은 우리 안에 어떤 공명을 일으킨다. 예를 들어, 봉사활동에 참여하여 헌신적인 노력으로 좋은 변화를 이끈 사람은 자신의 활동에서 의미 있음을 경험할 수 있다.

'지향'은 등대처럼 어려운 시기에 우리에게 방향을 알려 준다. 나치 독일의 전체주의 이념을 연구하면서 한나 아렌트가 발견한 인상 깊은 사실은 제3제국 때 국가에 저항하고 유대인을 도왔던 사람들은 자신의 행동에서 양심의 가책을 느끼지 않았다는 것이다. 그들이 보기에 나치의 이념은 명백히 비인간적이고 잘못되었고, 나치 국가의 모든 법을 어기는 행동 이외에 다른 대안이 없었다. 그들의 도덕적 지향이 제대로 작동했던 것이다. 지향은 우리가 중요하다고 여기는 다양한 가치에서 나온다. 조금 단순하게 말하면, 자신의 욕구만 충족시키는 가치들보다 이타적 가치들이 더 큰 의미가 있다. 자아실현에 도움을 주는 자율성, 위험을 감수하려는 의지, 자신감, 개발, 능력, 추진력, 자유 혹은 창조성 같은 가치들은 중요하다. 그러나 자신의 모든 에너지를 오직 여기에만 집중하면 인생에서 다른 중요한 의미의 원천들이 버려진다.

'소속감'은 더 큰 전체의 일부가 되는 느낌을 말한다. 다른 요소들은 인간의 개인적 차원과 관련된 것이고, 소속감은 인간의 더 기본적인 차원과 관련이 있다.

우리 인간은 진화가 남긴 유산 때문에 언제나 다른 존재에 의존하는 사회적 존재다. 자신을 더 큰 전체의 일부로 느끼는 사람은 자신이 한 공동체에 연결되어 있고, 자신이 위급할 때 그 공동체가 도와줄 것이라고 느낀다. 오늘날 우리는 공동체에 속한다는 긍정적 느낌을 다시 강렬히 경험하는 방법에 관해 묻는다. 이 질문은 근대 사회에서 일어난 큰 변화들과 관련이 깊다. 특히 기능화, 분업화, 개인화가 그 변화의 두드러진 점이다. 사회가 발전할수록 더 많은 전문가가 필요하다. 전문가들은 일에 있어서 유연함과 이동성을 갖추어야 했는데, 그들의 능력이 그들의 고향에서만 필요한 것이 아니었기 때문이다. 이런 변화 때문에 약 150년 전부터 사람들은 위기 때 도움을 주고, 자신이 믿고 의지하던 공동체를 떠나게 되었다. 사람들은 가족과 사회 공동체를 남겨 두고도 떠날 수 있었는데, 시간이 흐르면서 국가가 돌봄 영역을 넘겨받았기 때문이다. 당연히 이 과정이 한 가지 변화 때문에 일어난 것은 아니었다. 결국 국가가 사회 변화에 반응한 측면도 있지만, 어떤 변화는 국가가 추동한 것도 있었다.

어쨌든 다음과 같이 정리할 수 있다. 국가가 안전 망을 더 잘 갖출수록 개인은 사회적 출신과 관계없이 더 많은 기회를 얻을 수 있다. 의료보험과 연금보험에 가입한 사람은 생존을 위한 가족이 더 이상 필요하지 않다. 독립된 사법부의 보호를 받고 자신의 권리를 청구할 수 있는 사람에게 자신을 보호하고 권리를 실현하기 위한 부족이 더는 필요하지 않다. 훌륭한 교육을 무상으로 받을 수 있는 국가에서는 가족의 재정 상황이 교육의 기회를 좌우하지 않는다.

그러나 개인의 발달 및 성장에 이바지한 정책과 제도에는 어두운 면도 있다. 개인화와 함께 고립과 고독의 위험이 커진다. 개인은 이제 적극적으로 공동체를 찾으려고 노력해야 한다. 대가족과 시골에서는, 모든 사람과 관계를 맺고 싶은 마음이 없더라도 삶의 형태가 어느 정도 자동으로 주어졌다. 오늘날 사람들, 특히 서양 산업국가에 사는 사람들은 공동체를 적극적으로 노력해서 찾아야 한다. 어린 시절을 함께 보냈다고 저절로 친구가 되는 것은 아니다. 직업적 이동성 때문에 우리는 끊임없이 새로운 지역에서 친구 관계를 만들고 유지해야 한다. 이 일은 시간과 에너지를 요구한다. 또한 공간적 거리가 멀어지면서 원가족과의 관계도 변한다. 이에 더해 오늘날 가족은 기본적으로 핵가족으로 정의된다. 직업 생활은 많은 자원을 소비하고 사회적 관계를 돌보는 일은 많은 비용이 드는 일이므로, 심리적 안정과 편안함에 중요한 역할을 하는 사회 환경은 확연히 더 작아질 수 있다.

개인주의 경향이 대단히 강한 선진국들에서 정신질환이 급증한 것은 결코 우연이 아니다. 시간 압축 현상이란 스트레스를 유발하는 작업들을 단위 시간 안에 점점 더 많이 처리해야 하는 현상을 말한다. 이 현상 때문에 삶은 급격하게 가속화되었다. 이 가속화와 함께 고독의 증가는 확실히 정신 질환 증가의 주요 요인이다. 이런 이유에서 공동체 관리, 즉 공동체 경험을 가능하게 하는 일은 의미 충족에서 중요한 요소다.

이처럼 통일성, 의미 있음, 지향, 소속감은 충만한 의미 경험에서 중요한 역할을 한다. 그러나 이 네 가지 요소는 충만한 의미를 경험한 삶의 윤리적 차원에 대해서는 전혀 말하지 않는다. 의미와 윤리는 동일하지 않기 때문이다. 주관적으로 의미가 충만하다고 경험한 삶이 인도주의적 이상과 전혀 맞지 않을 수도 있다. 예를 들어, 어떤 사람은 전체주의 대중에 속했을 때 긍정적 공동체 의식을 경험할 수도 있다. 나치 독일만 대중운동을 통해 이런 모습을 보여 준 것이 아니다. 최근 이슬람 국가 같은 조직도 전체주의 조직의 구성원이 느끼는 공동체 의식을 보여 주었다. 이념적 확신으로 사람들을 죽일 때조차 의미 충만을 경험할 수 있다. 여기서 개별 이념들은 지향으로 작용한다. 이들은 자신들의 삶이 생각과 행동에서 통일성이 있다고 경험할 것이다. 의미가 충만한 삶이 인간적인 삶이 되기 위해서는 인도주의적 이상에 의무감을 느끼는 정신적 태도가 필요한데, 이 태도는 삶의 의미 그 자체에서 나오는 것이 아니다. 이런 태도는 개인 및 사회적 가치의 영향을 받는다. 그러므로 주관적으로 의미 충만을 경험하는 삶이 윤리 관점에서 모두 좋은 삶이라고 믿는 것은 잘못된 생각일 수 있다.

삶을 의미 있게 경험하는 데 도움을 주는 많은 요소는 우리의 시선을 세상으로 향하게 하고 우리를 세상에 참여시키는 것과 관련이 있다. 자신만을 돌볼 때 우리는 의미 충만함을 거의 경험하지 못한다. 훌륭한 자기 관리는 의미를 경험하는 데 도움을 주기도 하지만, 세상에 참여할 때 의미 충족의 가능성은 커진다.

위기 극복에 도움을 주는 것들

통일성, 의미 있음, 지향, 소속감은 의미 경험과 연결된 요소들이지만, 이 요소들만으로 의미의 위기를 막지는 못한다. 의미의 위기는 종종 느닷없이 삶에 들이닥친다. 예를 들어, 익숙한 극복 전략으로는 더는 계속 갈 수 없고 실패를 경험할 가능성이 큰 상황을 만날 때 우리는 의미 상실의 위기에 빠진다.

정신과 의사이기도 했던 독일의 철학자 카를 야스퍼스는 이런 경험을 '한계상황'이라고 불렀다. 한계상황은 삶 자체와 불가분의 관계다. 질병, 이별, 죄, 신뢰할 수 없는 세상, 죽음 등이 여기에 속한다. 한계상황의 강력한 파괴력과 극적인 힘 때문에 우리는 처음에 한계상황에 잘 대처하지 못한다. 상황이 우리를 압도하고, 우리는 무력감을 경험한다. 야스퍼스는 한계상황을 피하는 대신 직접 대면하면서 현재의 실패를 견뎌낼 때만 한계상황을 결국 극복할 수 있다고 확신했다.[6]

그런데 우리는 삶에서 통일성, 의미 있음, 지향, 소속감을 어느 정도 실현한 사람들이 이런 한계상황에 더 잘 대처하는 모습을 볼 수 있다. 자기 행동과 삶이 대체로 의미 있다고 경험하는 사람은 슬픔과 고통뿐만 아니라 불만족도 잘 대처할 수 있는데, 그들은 이런 것들도 삶을 구성하는 기본 요소임을 알기 때문이다. 이 말이 우리가 겪는 모든 일에 특별한 가치 혹은 의미를 부여해야 한다는 뜻은 아니다. 사랑하는 사람의 죽음, 심각한 질병, 직업이나 사생활의 붕괴는 처음에는 그저 고통스럽지만 극복해 나가야 하는 삶의 위기들이다. 의미 있는 삶을 경험하는 사람은 대개 장기적으로 이런 위기들을 통합하는 데 성공한다. 한편, 각자 선택하는 극복 전략은 다를 수 있는데, 그 선택은 각자의 세계관 및 신앙과 깊은 관련이 있기 때문이다. 그러므로 우리는 자신에게 유용했던 방법을 타인에게도 유용한 묘책이라고 단순히 건넬 수는 없다.

위기를 변화와 새로운 시작의 기회로 여기는 사람들도 있다. 그러나 이런 시도는 대부분 우선 위기를 극복한 후에 새롭거나 도움이 되는 것을 깨달았을 때 성공할 수 있다. 위기 때는 고통, 분노, 슬픔, 좌절, 의심, 그 밖의 다른 부정적 감정과 관점이 상황을 지배한다. 위기 극복에 성공하고 그 위기에서 새롭고 긍정적인 것을 인식한 사람은 미래에 다른 위기를 만날 때 방향을 제시해 줄 무언가를 보유하게 될 것이다. 그러나 과거에 사용했던 위기 극복 방법이 미래 위기 때도 다시 작동할 것이라는 보장은 없다.

어떤 사람들은 자신이 겪은 모든 일, 부정적인 일도 깊은 의미가 있다고 확신한다. 그들은 이런 사건들을 자신의 성장에 반드시 필요한 경험으로 이해하면서 자기 인생사 안에 포함하려고 노력할 것이다. 이런 노력 속에서도 위기 극복 전략이 나올 수 있지만, 이 전략이 모든 사람에게 유용하거나 명료하지는 않다. 모든 사람이 인간은 실제 감당할 수 있는 짐만 짊어지고, 각자가 겪는 모든 일에 의미가 있다고 믿는 것은 아니기 때문이다.

어떤 이들은 자신이 경험한 일이 깊은 의미도 없고 운명이 미리 정해 둔 일도 아니며 그냥 일어났을 뿐이라고 확신한다. 그 일들은 그저 삶이라는 여정의 일부일 뿐이다. 이런 관점은 위기 상황에서 유용할 수 있는데, 위기 경험을 죄책감이나 수행해야 할 과제와 연결하지 않기 때문이다. 이런 관점을 지닌 사람들은 위기를 벗어나는 방법 찾기에 더 많은 에너지를 쏟고, 일어난 사건들을 삶의 여정에 필수 요소로 추가하려는 노력을 덜 하게 된다.

그러므로 삶의 모든 위기 극복에 통용되는 만병통치약은 없다. 이전에 도움을 받았던 방법이 다른 삶의 상황에서는 효과가 없을 수 있다. 그러나 이미 다양한 삶의 영역에서 의미를 경험했고, 그 영역들에서 잘 살아가는 사람은 새롭게 발생하는 삶의 위기를 더 잘 극복할 기회를 얻는다.

한편, 의미 상실의 위기가 카를 야스퍼스가 묘사했던 한계 경험과 늘 관련이 있는 것은 아니다. 의미 상실의 위기는 우리가 계속해서 붙잡고 있지만 우리 삶에더는 어울리지 않는 것이 있음을 알려 주는 지표가 될 수도 있다. 예를 들어, 우리가 아직 어떻게 대처해야 할지 모르는 변화된 삶의 상황에서 의미 상실의 위기는 더 커진다. 이럴 때는 새로운 방향을 정하고, 의미를 경험할 수 있는 다른 영역을 찾는 일이 대단히 중요하다. 우리는 삶의 의미를 늘 새롭게 조정해야 하는데, '지향'은 멈춰 있는 정적인 차원이 전혀 아니기 때문이다. 변화된 삶의 상황이 지향에 영향을 준다. 우리는 삶의 요구에 반응하지 않을 수 없기 때문이다. 더 많은 생활 영역에서 더 능동적으로 사는 사람일수록 더 많이 반응하고 더 능동적으로 삶을 구성해야 한다. 한때 '발견한' 삶의 의미와 거기서 경험된 가치는 결국 특정한 삶의 상황에 적용되는 하나의 대답 혹은 하나의 비전일 뿐이다.

삶의 단계와 상황에 따라 의미 있다고 느끼고 이해하는 것이 다르다. 사회가 더 잘 기능하고, 더 풍요롭고, 더 안정될수록, 사회 구성원이 기본 생계 걱정을 더 적게 할수록, 큰 의미를 주는 삶을 성취하고 싶은 갈망이 더 커지는 것 같다. 특히 이런 사회에서는 좋은 교육을 받은 젊은이들이 거대한 이상을 향한 갈망에 이

끌린다. 얼핏 보면, 의미 있는 삶을 성취하고 싶은 이런 갈망이 아주 긍정적으로 보일 수 있지만, 이런 갈망 자체가 추구하는 목표의 완성을 보장해 주지는 않는다.

「차이트」지의 기자 사라 톰시치는 이런 현상을 자신의 기사 「의미와 목적. 덜 생각하자」에서 대단히 훌륭하게 묘사했다. "(가난한 집안에서 태어나 젊은 나이에 크로아티아에서 독일로 온) 아버지는 겸손한 마음으로 자신이 어떤 큰 것의 작은 일부라는 생각에서 의미를 찾는다. 그런데 왜 나를 포함한 많은 사람은 이런 생각을 하는 데 실패할까? 아버지는 말한다. '사람들이 나눔을 잊어버렸어. 그래서 그들은 무언가의 일부가 되고 싶은 마음이 없지.' 나는 아버지가 옳다고 생각한다. 사람들에게 크고 반짝거리는 역할을 약속하는 것은 의미 있어 보인다. 역사적 중요성이 있고, 자존감을 급속하게 높여 주는 장치들 말이다. 우주의 먼지 한 점이 되고 싶은 사람은 거의 없다." 그러므로 의미 경험이 우리 삶을 특별한 사건으로 만들어 줄 것이라 기대하면서, 눈에 띄는 특별함만을 추구하고 가까이 있는 일상의 일들을 의미 없다고 여기는 것은 위험하다.

그런데 의미 상실의 느낌이 이런 태도에서만 생기는 것은 아니다. 인생의 위기가 될 수도 있는 인생의 과도기가 가끔 의미 상실의 원인이 되기도 한다. 아이들은 성인이 되면 부모의 집을 떠난다. 부모는 이제 다시 부부가 된다. 가족 안에서 역할을 새롭게 규정해야 하고, 거기에 익숙해져야 한다. 특히 아이 때문에 직업 활동을 하지 않았던 엄마 혹은 아빠에게 이 시기의 경험은 계속 직장을 다닌 배우자들과는 달리 대단히 통렬하다. 직업 생활의 마무리와 은퇴 생활의 시작도 이런 통렬한 경험의 시기가 될 수 있다. 은퇴할 때 자유와 연결된 긍정적 기분만 생기는 것은 아니기 때문이다.

이런 상황들은 변화와 연결되는 반면, 반대로 침체감에서 생겨나는 위기도 있다. 생활을 쉽게 만들어 주는 반복된 일상이 다람쥐 쳇바퀴처럼 느껴지고, 새롭고 충분한 자극이 없을 때가 바로 이런 경우다. 이런 상황에서는 자기 행동이 의미를 잃는다. 이제 우리는 방향을 새로 정해야 한다. 방향을 다시 정하는 일은 쉽지 않은데, 우리 뇌는 반복되는 생활을 사랑하기 때문이다. 늘 똑같은 일을 반복할 때 뇌는 적은 에너지를 소비하며, 뇌는 이런 상태를 선호한다. 또한 뇌는 기회보다 위험을 더 잘 인식하고 더 생생하게 그릴 수 있다. 우리가 만족스럽지 못한 상황에서 무언가를 바꾸고 새롭게 시작하지 않은 채 종종 너무 오랫동안 그 상황에 머무르는 이유 중 하나가 바로 이런 뇌의 속성 때문이다.

그러나 항상 같은 것을 선호하는 뇌의 특성에도 불구하고 인간은 새로운 일을 시작할 수 있고, 이 능력은 인간의 고유한 본성이다. 한나 아렌트는 이 능력을 인간다움을 보여 주는 핵심 요소로 보았다. 아렌트는 이 특성을 표현하기 위해 '탄생성'(Natalität)이란 개념을 처음 사용했다. 인간에게는 "스스로 새로운 시작을 할 수 있는, 즉 행동할 수 있는 능력이 있다".[7]

한편으로, 탄생성은 모든 인간은 출생과 함께 새롭게 시작하고, 이 시작을 발달 과정에서 끊임없이 재구성한다는 사실을 다르게 표현한 개념이다. 다른 한편으로, 이 개념은 행동하고 이 행동으로 형성하는 존재가 되는 인간의 근본 능력과 연결된다. 아렌트에게 행동은 기본적으로 사회적 영역과 관련된다. 사회적 존재로서 인간은 타인들과의 관계 안에서 자기 세계를 형성한다. 행동은 사회 안에서 실행되고 자유를 전제한다. 인간은 행동과 언어를 통해 긍정적이든, 부정적이든 새롭게 시작할 수 있다.

우리가 삶에서 새로운 의미 영역을 찾거나 삶의 환경 때문에 배경으로 사라졌던 옛 의미 영역을 다시 새롭게 살릴 때 우리는 새롭게 출발하는 것이다. 의미 영역은 우리가 의미 있다고 경험하는 삶의 차원들이며, 이 차원들이 우리에게 방향을 제시한다. 한편, 심리학적 의미 연구에서는 몇몇 삶의 자세가 특별히 의미를 만드는 것으로 증명되었다. 공동체에 적극 참여하는 사람들, 미래 세대를 생각하는 사람들, 자신에 대해 깊이 성찰하는 사람들, 타인을 돌보는 사람들, 영적 혹은 종교적 기본 방향이 있는 사람들이 흔히 자기 삶을 의미 있고 가치 있다고 느낀다. 당연히 모든 의미 차원이 각자의 삶에서 동일하게 나타날 필요는 없다. 또한 더 다양한 차원을 경험하고, 의미의 기술을 '더 폭넓게' 접한 사람이 자기 존재를 더 의미 있다고 느끼는 것도 밝혀졌다.[8]

자신의 욕구에만
몰두하지 않는 것이
의미 있는 이유

의미 연구는 우리가 의미 있다고 여기는 모든 것이 삶의 의미 차원에서 같은 잠재력을 지니고 있지는 않다는 것을 보여 준다. 적극적으로 삶을 꾸려 가면서 주변에 있는 타인과 세계로 시선을 돌릴 때, 우리는 자신의 잠재력 실현에만 애쓸 때보다 장기적으로는 더 충만함을 경험한다. 살면서 오로지 자신과 자기 욕구 충족에만 관심을 두는 것은 의미 있는 삶을 방해할 수 있다. 덧붙여 말하자면, 자아 인식이나 영적 성장과 같은 소위 더 높은 목표를 추구하면서 평생 자신에게만 관심을 두고 살 수도 있다. 이런 활동은 대부분 자아 고착을 깨는 데 목표가 있다. 그러나 이런 고귀한 목표에도 불구하고 우리가 자아 중심성에 갇히는 것을 막지 못한다. 그러므로 이웃을 향한 개방성이 의미를 찾아 자기 삶에 헌신하는 좋은 방법이다.

삶의 요구를 받아들이고 무언가를 할 때마다 우리는 의미 비슷한 것을 경험한다. 그런데 우리가 삶의 요구를 받고 있다는 것을 어떻게 알까? 당신은 이렇게 묻고 싶으리라. 빈에 있는 빅토르 프랑클 연구소 소장 알렉산더 버트야니는『무관심의 시대 : 우리는 왜 냉정해지기를 강요받는가』에서 이렇게 적었다. "우리의 온전한 기여가 없었다면 일어나지 않았을 모든 일이 바로 지금 세계와 삶을 풍요롭게 만든다."[9] 버트야니의 이 말은 앞 장에서 언급했던 의미 충족의 네 가지 요소 가운데 의미 있음에 대한 좋은 예다.

그러나 소위 위대한 업적만이 세계를 풍성하게 만든다는 믿음은 잘못된 생각이다. 친절한 말 한마디, 미소, 일상의 작은 도움만으로도 충분할 때가 있다. 거창한 일에서만 충만함을 경험할 수 있다고 믿는 사람은 자신을 억압하게 된다. 자기 삶을 의미 있게 느끼기 위해 당장 기후 문제를 해결하고, 세상에 존재하는 사회

불의를 없애며, 남반구 사람들의 생활 환경을 개선할 필요는 없다. 타인에게 관심과 선의를 지닌 채 살아가는 것도 그만큼 의미 있는 삶이 될 수 있다. 이 말이 삶에서 거대한 일에 관심을 가지면 안 된다는 뜻은 아니다. 그러나 문제의 시급성을 인식하여 이런 큰 주제에 관심을 기울이는 것과 이런 큰 문제가 우리 삶에 더 깊은 의미 차원을 제공하기를 바라면서 참여하는 것에는 차이가 있다.

사소한 일상 너머에 있는 타인들을 고려할 때 의식해야 할 것이 또 하나 있다. 타인들에게 충만한 일이 우리가 보기에도 언제나 충만한 것은 아니라는 점이다. 그러므로 타인과 관계를 맺는 사람은 그들의 욕구가 무엇인지 깊이 탐색해야 하고, 그들이 전혀 원하지 않는 것을 억지로 주지 않으려고 노력해야 한다. 이 말이 우리가 반드시 타인의 욕구를 충족시켜야 한다는 뜻은 아니다. 자신을 포기하는 것은 건강하지도 않고 의미 있는 일도 아니다. 삶에 적극 참여하는 일은 고정된 프로그램을 따르지 않는다. 삶의 요구는 처해 있는 상황에 따라 대단히 다양하다. 어린아이를 키우는 사람은 얼마 전에 은퇴한 사람과 다른 '과제'가 있다. 건강이 좋지 않은 사람에게는 한창 힘이 넘치는 사람과는 다른 자원이 있다.

헌신하면 아무것도 잃지 않는 게 아니라 뭔가를 얻는다. 즉, 어떤 충족감이 생긴다. 이 점을 이해하는 게 중요하다. 여기서 충족감이란 황홀한 상태가 아니라 내면적 충만감을 말한다. 내면적으로 가득 찬 느낌을 받으면서 무언가를 기꺼이 줄 수 있고, 이 베풂을 손실이 아닌 풍요로움으로 경험하게 된다. 예를 들어, 어떤 사람이 멘토 역할을 하면서 한 젊은이에게 큰 도움을 주었다. 그의 도움이 없었다면 그 젊은이의 삶은 더 나쁘게 출발했을 것이다. 멘토 역할이 힘들었지만, 어떤 영향을 미쳤다는 사실을 알게 될 때, 그 사람은 충족감을 경험할 것이다.

사회적 참여가 가치 있는 이유

공리주의의 창시자 가운데 한 명인 존 스튜어트 밀은 세상에서 삶의 환경을 개선하는 일에 헌신하는 것이 만족감을 가장 오랫동안 지속시켜 주는 요소라고 강조했다. "겉으로 볼 때 대략 괜찮은 운명을 타고난 사람들이 삶의 가치를 느끼게 하는 기쁨을 충분히 찾지 못한다면, 그 원인은 대개 자신만을 생각하는 데 있다."[10]

공리주의는 최대한 가장 많은 사람의 행복과 복지 달성을 목표로 하는 윤리론이다. 또한 공리주의는 모든 사람에게 행복을 누릴 동등한 권리가 있다는 보편주의를 지지한다.

더 나은 세계를 위한 싸움에 참여하는 것은 대단히 힘들 수 있지만, 이 싸움이 모든 사람뿐 아니라 싸움에 적극적으로 참여한 사람에게도 이익이 된다고 밀은 확신했다. "그것의 폐지는 대단히 느리게 진행될 것이고, 전투에 승리하여 세계가 올바른 지식과 의지에 따라 형성되기 전에 오랫동안 여러 세대가 싸움에서 쓰러져야 한다. 그러나 이 과업의 아주 작고 보잘것없는 부분을 기꺼이 떠맡을 만큼 충분한 통찰력과 관대함을 갖춘 사람은 이기적 즐거움이라는 유혹에도 절대 포기할 수 없는 고귀한 성취로 이 전투를 경험할 것이다."[11]

현대 심리학이 밀의 확신을 뒷받침해 준다. 더 높

은 가치, 즉 자신의 욕구를 채우는 데 직접 도움을 주지 않는 일에 적극 참여할 때 우리는 의미를 느낀다. 우리는 자신의 행동에서 충족과 만족을 느낀다. 아마도 이런 느낌은 우리의 생물적 '기본 설정'에 뿌리가 있을 것이다. 인간만큼 자신의 생존을 위해 그렇게 오랫동안 타인의 돌봄과 개입에 의존하는 포유류는 없다. 그러나 이런 적극적 참여의 동기는 자기 자신으로부터 나와야 한다. 외부의 기대 때문에 참여하는 사람은 아마도 이런 참여에서 생겨나는 긍정적 감정을 느끼지 못할 터인데, 그는 단지 의무를 다할 뿐이기 때문이다.

타인을 위한 적극적 참여가 타인뿐 아니라 참여하는 사람에게도 뭔가를 준다는 생각은 철학자 알베르 카뮈에게서도 발견된다. 카뮈는 불의한 삶의 조건에 저항하는 연대 투쟁이 모든 인간의 본질적 과제일 뿐만 아니라, 무의미한 세계에서 삶에 의미를 주는 경험의 기회라고 보았다. 1944년 7월 카뮈는 가상의 독일 친구에게 보낸 편지에 이런 내용을 적었다. "더 나아가서, 나는 우리 세계 속에 심오한 의미는 내재하지 않는다고 믿는다. 그러나 나는 세계 안에 어떤 의미가 들어 있고, 그 의미가 바로 인간이라는 것을 안다. 인간만이 의미를 요구하는 유일한 존재이기 때문이다."[12] 바로 카뮈에게는 초월적 의미와 더 높은 권능이 없으므로, 인간이 자신의 수단과 능력에 따라 지금 여기에서의 삶을 조금이라도 개선하는 데 기여해야 할 책임을 지게 된다.

카뮈는 『페스트』에서 이런 이상과 연결된 삶의 사례를 하나 제시한다. 정확한 연도를 알 수 없는 1940년대, 북아프리카에 있는 도시 오랑에서 페스트가 발생한다. 얼마 후 오랑은 외부와 단절된다. 카뮈의 철학적 견해가 고스란히 녹아 있는 이 소설은 많은 생명을 앗아 가는 거의 일 년 동안의 역병 기간에 오랑에 사는 다양한 주인공들의 행동을 흥미롭게 보여 준다.

소설 속에 묘사된 두 인물, 즉 의사인 리외 박사와 오랑 출신이 아닌 타루는 카뮈의 철학적 신념을 반영한다. 두 사람은 페스트에 대항하여 싸운다. 리외의 친구가 된 타루는 연대기 기록자와 같은 역할을 한다. 타루는 보건 자원봉사단을 설립하고, 이 봉사단에서 열심히 활동하다가 유행 시기 막바지에 페스트에 걸려 죽음을 맞이한다. 주인공들의 지치지 않는 헌신은 현실의 부정이나 맹목적 낙관주의가 아니라 카뮈가 저항이란 개념으로 설명했던 태도에서 나왔다. 저항과 연대는 존재의 부조리라는 상황에서 인간이 제시하는 응답이다. 한 작은 상업 도시의 일상에 페스트가 침입한 것은 이런 부조리를 상징한다. 아무도 이 부조리에서 벗어나지 못한다. 페스트는 무차별적으로 희생자를 찾는다. 누구나 페스트의 희생자가 될 수 있다. 주인공들은 이 상황에 저항한다. 그들은 자신이 이길 수 없음을 알고 있다. 그럼에도 그들은 이 부조리에 맞서 연대하며 싸울 수밖에 없다. 아무 일도 하지 않거나 포기하는 것은 그들의 선택지에 없다.

오늘날 우리는 타인이나 더 살기 좋은 세계를 위한 헌신과 개입이 거의 혹은 아무 효과가 없다고 확신하는 사람들을 더 자주 경험한다. 그래서 그들은 자기 일에만 관심을 쏟으면서 더 편안한 삶을 추구하거나 자신의 욕구 충족에 도움이 되지 않는 일은 포기한다.

카뮈에게 중요한 것은 결과가 아니라 헌신과 참여다. 이 말은 사회적 참여에서 목표를 설정하면 안 된다는 뜻이 아니라 목표에 도달하지 못하더라도 그 헌신과 참여가 헛되지 않다는 뜻이다. 사실 카뮈는 우리의 헌신이 절대 지상낙원을 만들 수 없다고 확신했다. 중요한 것은 언젠가는 고통이 사라지게 될 더 나은 세계를 만드는 게 아니라 탈출구가 없어 보이는 현실에 마비되지 않는 것이다.

이 소설 가운데 리외와 타루가 나누는 한 대화에서, 리외는 (내면의) 평화로 가는 길은 어디인지 타루에게 묻는다. 타루는 이렇게 대답한다. "공감입니다." 공감은 사회 참여가 틀에 박힌 프로그램으로 전락하여 거의 자동화되어 작동하거나, 단지 멋진 생각과 계획만 제시한 채 사람들과 그들의 필요를 놓쳐 버리는 일을 막아 주는 힘이다. 우리는 공감을 키우는 곳에서 타인과의 관계를 형성한다. 이런 공감이 연대적 활동의 기초다. 이런 공감이 만드는 활동에 동참하고 삶의 요구에 뒷걸음질 치지 않는 것이 중요하다. 알렉산더 버트야니에 따르면, 이런 공감은 우리의 행동으로 생명과 세계를 풍성하게 할 수 있는 곳에서 드러난다. 이런 행동은 미소와 같은 작은 것일 수도 있고, 타인을 돌보는 일과 같은 큰 것일 수도 있다.

일을 그르칠 수 있다는 두려움 때문에 우리는 종종 원하는 만큼 적극적으로 참여하고 헌신하지 않을 수 있다. 우리는 모습을 드러낸 삶의 요구에 맞서기를 주저하거나 겁내는데, 처음에는 불안을 느끼기 때문이다. 우리는 삶의 요구에 계속 맞서고 대응하면서 성장할 수 있다는 것을 깨닫는 게 중요하다. "연습이 달인을 만든다"라는 격언은 여기서도 유효하다.

타루는 이 격언에 맞는 좋은 예다. 타루는 의학 분야에서 일했던 사람이 아니지만, 의료 봉사 인력이 너무 적다는 단 하나의 이유로 보건 봉사단을 만들었다. 오랑에 살던 다른 주민들도 의료봉사 인력이 부족하다는 사실을 알고 있었다. 그들은 아무 일도 하지 않았던 반면, 타루는 앞장서서 일하기 시작했다. 타루는 상황이 전하는 이야기에 귀 기울였고 자신의 일을 수행하면서 성장한다. 바로 이렇게 우리도 어떤 일에 참여할 준비가 되어 있다면, 그 일과 함께 성장할 수 있다.

리외는 자신이 보유한 자원으로는 페스트와의 싸움에서 승리할 수 없음을 잘 알고 있었다. 그럼에도 그는 의사라는 자신의 직업에 맞게 행동하는데, 그 동기는 의사 선서뿐만 아니라 사람들을 위해 싸울 만한 가치가 있다는 확신에서 나왔다. 리외는 소설 마지막에 자신이 이야기의 화자라고 밝히고, 오랑에서 일어난 모든 일을 기록하려는 이유를 설명한다. "거대한 재난에서 배울 수 있는 것, 즉 인간에게는 경멸보다 경탄할 점이 더 많다는 사실을 묘사하고 싶었을 뿐이다."[13]

이런 긍정적인 인간관에는, 비록 완벽한 세계는 아니지만 더 나은 세계를 위해 적극 참여할 수 있는 힘이 들어 있다. 깐깐한 경리 직원과는 다르게 (자신의 잘못이었다면 쉽게 넘어갔을) 동료 인간의 사소한 실수와 약점을 셈하지 않고, 관대한 마음으로 부족함을 보지 말고 긍정적인 면에 집중하는 것이 긍정적 인간관에 큰 도움을 줄 수 있다. 이런 자세는 삶의 의미를 경험하는 데 유용하다.

또한 다음 세대에게 도움이 되거나 지속 가능성에 도움을 주는 참여 활동도 있다. 예를 들어, 손주들을 돌보는 조부모, 젊은 사람들의 멘토로 헌신하는 사람들 혹은 환경 보호에 관심을 기울이는 사람들도 있다.

다음 세대의 관심사를 고려하고 그들에게 살아갈 만한 환경을 남겨 주려는 것을 생산성(Generativity)이라고 부른다. 우리는 세대 돌봄이라는 맥락에서 다음과 같은 질문을 던져야 한다. 우리는 다음 세대에게 어떤 세상을 물려주게 될까? 그리고 우리는 어떤 세상을 물려주고 싶어 하나? 이 질문은 생태적 측면뿐만 아니라 물려주고 싶은 사회 형태, 가치, 경제 체제에 관한 내용도 담고 있다.

심리학자 에릭 에릭슨과 그의 아내 조안 에릭슨은 자신들이 만든 발달 모델 안에 생산성 개념을 도입했다. 에릭슨의 발달 단계 모델에서는 전 생애 동안 여덟 단계 발달이 진행되는데, 생산성은 이 가운데 일곱 번째 발달 단계다. 단계마다 위기가 존재하며, 이 위기를 잘 극복할 때 다음 발달 단계로 넘어갈 수 있다. 일곱 번째 발달 단계의 위기는 자기고립화와 침체다. 이 위기에 빠진 사람은 오직 자신만 돌본다. 에릭슨의 모델에서는 생산성이 자아라는 감옥에 갇힌 존재를 해방한다. 그러므로 생산성은 늘 배려의 차원이 있다. 심리가 안정되고 새로운 경험에 열려 있는 사람, 즉 사회적 유능성이 있는 사람들이 에릭슨이 말하는 생산성을 특별히 더 잘 발달시키는 것 같다.

지식의 전달은 생산성의 한 형태가 될 수 있다. 세네카는 루킬리우스에게 보낸 편지에 이렇게 적었다. "내가 만든 작품은 후손을 위한 것이고, 나는 그들에게 가치가 있어 보이는 것들을 기록한다. 나는 치료를 위한 약을 짓듯이, 도움이 되는 조언들을 종이에 털어놓는다. 나는 그 조언들의 효과를 나 자신의 고통에 직접 시험해 볼 수 있었다. 비록 그 고통이 아직 완전하게 치유되지는 않았지만 최소한 더 커지지는 않았다."[14]

세네카는 후대의 칭송을 받기 위해서가 아니라, 스토아 철학자로서 삶을 더 잘 견디고 구성하는 데 도움을 주는 경험을 직접 했기 때문에 이런 글을 썼다. 그는 다음 세대가 자기 경험에서 도움을 받을 수 있게 이런 지식을 남기고 싶었다. 이처럼 글쓰기도 후속 세대들을 돌보는 형태에 속한다.

우리는 모든 시행착오를 직접 하지 않아도 되고, 모든 바퀴를 새롭게 발명할 필요도 없다. 우리는 언제나 타인의 지식을 활용할 수 있다. 인류 역사에서 인상적인 것은 다음 세대는 이전 세대의 지식과 발견뿐만 아니라 신중함과 돌봄을 바탕으로 형성될 수 있었다는 점이다.

혼자 대신 함께

오늘날 많은 사람에게 각자의 잠재력을 실현하는 일과 자신과 자기 관심사를 위해 시간을 갖는 일은 매우 중요하다. 그러나 사회적 존재인 우리 인간은 또한 공동체와 늘 연결된다. 그러므로 삶에서 중요하게 여기는 것을 묻는 설문 조사에서 가족과 친구가 늘 가장 높은 순위에 있는 것도 놀라운 일은 아니다.

여전히 많은 사람은 소속과 결속의 욕구를 강하게 드러낸다. 오늘날 공동체에 속하려면 적극적인 노력을 기울여야 한다. 고대나 중세와 달리 작은 마을 공동체와 가족 동맹체 안에 사는 사람은 거의 없기 때문이다. 전근대 사회에서는 소속감과 유대감을 느낄 수 있는 다양한 삶의 영역을 공유했다. 근대 사회에서는 그런 공유가 더는 쉽지 않다.

현대 사회에서는 전쟁이나 자연재해 같은 위기가 발생했을 때 소속감이 가장 쉽게 형성된다. 그러나 이런 경험은 지속되지 않는다. 위기가 극복되는 순간 위기와 연결된 운명 공동체는 쪼개진다. 코로나 위기가 이런 유대감을 만들지 못한 이유는 전 세계에 퍼진 전염병 극복의 중요 대책이 접촉 금지였던 것과 관련이 있다. 사람들은 현실 생활에서 가능한 한 적게 상호 관계를 맺어야 했다. 자연재해나 전쟁 때는 공동 대응이 위기 극복의 필수 요소다. 이런 공동 대응은 공동체에 대한 긍정적 감정을 불러일으킨다.

미국의 인류학자이자 기자인 서배스천 융거는 상대적으로 작고 소위 맹세로 맺어진 공동체에 소속될 때 얻게 되는 정서적 안정을 잘 보여 주었다. 융거는 2007년과 2008년에 아프가니스탄 주둔 미군의 한 부대에서 몇 달을 지냈고, 미국으로 돌아온 후에도 그 부대에 있던 여러 부대원들과 계속 연락을 주고받았다. 그는 많은 귀향자가, 아프가니스탄에서 엄청난 어려움을 견뎌야 했고 최악의 상황을 경험했는데도, 그곳으로 돌아가고 싶어 한다는 사실에 놀랐다. 그들은 아프가니스탄에서 동료 부대원들과 경험했던 친밀한 공동체를 그리워했다. 융거는 2017년에 『트라이브, 각자도생을 거부하라』라는 책을 썼다. 핵심 내용은 이렇다. 현대 사회는 개인에게 많은 자유를 제공하고 생존을 위한 고민을 없애 주었지만, 그 대가로 사람들은 유대 경험을 잃어버렸다. 누구와도 연결되지 않는다는 느낌은 우울증과 삶의 의미 상실로 이어질 수 있다. 이 책에서 융거가 서술한 내용은 의미 연구에서 나온 결과를 어느 정도 확인해 준다.

사람들이 배타적이지 않으면서도 결속감이라는 긍정적 감정을 경험할 수 있는 공동체에 소속되는 일은 우리 사회의 거대한 숙제가 될 것이다. 인류 역사에서 오랫동안 지속된 부족 구조가 점점 더 긴밀하게 연결된 세계에서 이 숙제의 답이 될 수는 없을 것이다.

고립이 점점 더 심각한 사회 문제가 되고 있음을 여러 연구가 보여 준다. 특히 인생의 마지막이 고립으로 점철될 수 있다. 사회적 소외와 고독은 심리적 스트레스에만 머물지 않고, 의미 충만감을 크게 감소시킨다. 교회, 지역 공동체, 복지 단체들은 다양한 만남의 공간과 여가 활동을 제공하여 사회적 고립을 해소하려고 노력한다. 문제는 이런 시도들이 이미 고립되어 고독감을 느끼는 사람들에게는 도달하지 못하는 경우가 많다는 점이다.

노인들만 점점 더 심해지는 고립 때문에 고통받는 게 아니다. 젊은 사람들도 만족스러운 사회관계를 찾고 돌보는 데 어려움을 겪는다. 오늘날 일하는 곳과 사는 곳은 주로 떨어져 있다. 학교에 다니고 성장했던 곳에 어른이 되어서도 계속 거주하는 경우도 드물다. 이러한 변화들 덕분에 개인은 각자의 잠재력을 실현할 수 있지만, 이런 발전이 도리어 유대 경험을 방해한다.

이런 상황에서 오늘날 점점 더 많은 사람이 거주하는 곳, 즉 도시에서는 공동체 경험을 다시 강화하는 방향으로 도시 및 건축 계획을 새롭게 수립해야 한다. 1960년대를 지나면서 자가용 수요를 충족하기 위해 진행된 도시 건축 구조는 노동, 주거, 문화, 여가 영역을 점점 더 강하게 분리했다. 이 구조는 기후 문제뿐 아니라 만남의 가능성과 관련해서도 문제가 많다는 게 증명되었다. 많은 사람은 중세부터 19세기 말 독일 근대화 시작 전까지의 도시들을 아름답다고 여긴다. 이 도시들의 다양한 용도가 혼합된 건축 구조가 사람들의 마음을 사로잡는다.[15]

중요한 것은 건물 일 층의 사용법이다. 특히 남유럽 도시들에서는 소규모 사업장, 수공예 작업장, 소매점, 선술집, 카페와 주택이 서로 근처에 있다. 공공 공간은 광장들로 나뉘어 있고, 시내 주민들은 이 광장들을 편안한 만남의 장소로 이용한다. 이렇게 성장한 도시가 이제 '과잉 관광'(Overtourism)의 위협을 받고 있는데, 관광객의 수요에 맞추어 만들어진 기반 시설이 이런 조합을 파괴하고 있다. 수많은 관광객이 몰려들면서 결국 그들이 동경하던 것들을 파괴하는 것이다.

그 사이에 도시 개발은 의식적이고 정치적인 설계 의지가 필요한 일이라는 사실이 거의 모든 대도시와 소도시에서 분명하게 드러났다. 명확한 정치적 기준이 없으면 이윤 극대화를 지향하는 개발이 도시를 지배할 것이며, 이런 개발은 만남과 사회적 상호작용 같은 주제의 정반대를 지향한다. 주거 지역과 상업 지역은 점점 비싸져서 많은 사람이 더는 임대료를 지불할 수 없는 상황에 몰린다. 좋은 위치에 있는 주택들은 가격 때문에 대부분의 시간은 비어 있는 별장인 경우가 많다. 지역에 활기를 불어넣는 소규모 사업장, 작은 수공예 작업장 및 문화 시설들은 이런 지역을 떠날 수밖에 없다. 임대료를 감당할 수 없기 때문이다. 동네를 생기 넘치게 하고 사람들의 일상적 만남을 가능하게 해 주는 이런 조합을 볼 수 있는 지역이 점점 더 줄어들고 있다.

유럽 대부분 도시에서 도심의 땅값은 지나치게 비싸므로, 지자체가 도심이 아닌 곳에 새로 마을을 만들어 생태적 공동체 개념을 실현하는 편이 더 쉽다.

오스트리아 빈에서는 아스페른 제슈타트 지구 프로젝트로 이런 시도를 감행했다. 2004년, 스톡홀름에서는 올림픽 유치 운동 과정에서 도시의 작은 섬에 있는 오래된 항구와 공단 지역이 새로운 주거지로 변모했다. 스톡홀름시는 구상과 실행 과정에서 이 새로운 지역 함마르뷔 셰스타드를 생태적이고 살기 좋은 곳으로 만드는 데 가치를 두었다.[16]

삶의 질에 더 큰 가치를 두는 도시계획은 특히 전통적인 도심 지역에서 가능한데, 이런 지역에서는 더는 필요하지 않은 건물이나 토지를 공공 부문이 소유하고 있기 때문이다. 현재 독일 몇몇 대도시에서는 공영 주차장이나 더는 사용하지 않는 관청 건물의 새로운 이용 방법에 관한 토론이 진행되고 있다. 또한 공공 토지에 좌석이 있는 공영 매점을 만들고 물건을 구매하지 않고도 그 좌석을 이용할 수 있게 하면 사람들이 모일 것이다. 특히 그 공간에서 시민 면담이나 상담, 부모 또는 아이들의 모임, 노년 또는 모든 세대가 참여할 수 있는 만남의 시간 같은 행사가 고정적으로 열린다면 더욱 좋을 것이다. 더 나아가서 시민들이 운영하는 상점이나 술집, 수리 작업을 할 수 있는 공공 작업장, 음악가를 위한 연습 공간이나 건강을 위한 서비스 공간이 있다면, 사람들의 만남은 더 쉬워지고 그 지역의 공동체 구조는 더 단단해질 것이다. 코로나 팬데믹 시기 동안 몇몇 도시는 정치적 의지만 있으면 쉽게 실현할 수 있는 착상들이 있다는 사실을 보여 주었다. 자동차가 다니던 특정 광장과 거리들이 폐쇄되었고, 그렇게 확보된 공간은 주민들에게 야외 공간으로 제공되었다. 모든 사람이 이용할 수 있는 공공 공간이 많을수록 만남은 더 쉽게 이루어진다. 점점 더 많은 사람이, 특히 젊은이들이 농촌에서 도시로 이주하는 현실에서 그들의 공동체 욕구를 채워 줄 수 있는 기획들이 필요하다.

한편, 우리 시대에 소속감을 느끼려는 노력은 다시 부족적 특성을 띨 수도 있다. 우리는 격론이 오고 가는 정체성 정치에서 이런 특성을 본다. 정체성 정치란 여전히 차별받는 소수자가 다수가 누리는 권리에 참여하려는 정치 투쟁이다. 이 싸움은 해방, 참여, 기회균등뿐만 아니라 특정 집단에 소속되었다는 느낌과도 관련이 있다. 이런 소속감에서 안전하다는 느낌과 공동체 의식이 생기기 때문이다. 한 집단에 소속되는 것은 인종, 종교, 사회적 특성 혹은 각자의 성적 취향이나 성 정체성에 따라 정의될 수 있다. 나는 공동체를 경험하는 데 개인의 적극적인 의지와 노력이 점점 더 필요한 시대에 갑자기 정체성 정치가 공적 영역에서 더 자주 등장하는 것은 우연이 아니라고 생각한다. 정체성 정치가 전체 사회의 조화로운 공존에 문제가 되는 것은 이 정치가 지닌 배타성 때문이다. 한 집단의 구성원들이 자기 집단의 특성을 배타적으로 정의하면 그들 사이의 소속감은 견고해지지만, 그들은 이런 특성을 지니지 못한 다른 모든 사람과 분리된다. 자기 집단에 속하지 않은 사람은 외부인이며, 외부인은 다시 그들의 다름에 기초하여 배타적으로 정의된다. 이런 과정은 타자에 대한 거부로 이어질 수 있다.

당연히 모든 집단이 강력한 배타성을 지닌 채 형성된 것은 아니다. 집단의 방향이 정체성을 덜 건드릴수록 더 쉽게 그 집단의 구성원이 될 수 있고, 비구성원과의 경계도 덜 분명해진다. 예를 들어, 보통 운동 동호회나 합창단 가입을 정체성 형성으로 생각하지 않는다. 그 단체에 밀접하게 연결되어 있다고 느끼고 많은 시간과 열정을 그곳에 쏟는다고 해도 말이다.

한편, 이미 몇몇 고대 전통은 우리가 한 가족이나 종족 혹은 문화에 단순히 속하는 구성원이 아니며, 이런 소속을 통해서만 우리 자신을 긍정적으로 정의하고 소속감을 느끼는 것은 아니라고 확신했다. 불교나 예수님의 윤리적 가르침은 보편주의적 접근 방식을 취했고, 이런 보편주의적 접근 방식을 따르는 스토아철학에서도 모든 사람의 연결성을 끊임없이 상기시켰다.

"그대가 어떤 일에 대해 불만을 토로하는 것은 … 개별 인간과 전체 인류 사이의 긴밀한 친척 관계를 잊는 행위다. 여기에는 피나 씨의 공동체가 아니라 오히려 하나인 정신의 공유가 있기 때문이다."[17]

모든 인간이 정신을 통해 서로 연결되어 있다는 확신은, 우리 사이에 존재하는 차이와 무관하게, 직접 경험하거나 실행하지 않더라도, 타인의 입장, 태도, 삶의 경험을 이해하는 데 도움을 주는 무언가를 우리 모두 보유하고 있다는 것을 암시한다. 여기서 스토아 철학자들에게 중요한 것은 인지적 이해력이 아니다. 우리 인간은 감각 능력이 있는 존재이므로, 가족이나 자신이 속한 사회와 직접 관련이 없는 타인과도 감정 영역에서 관계를 맺을 수 있다. 선의와 존중은 스토아철학의 핵심 사상인 인류애를 북돋아 주는 두 가지 태도다. 마르쿠스 아우렐리우스는, 이런 태도가 타인의 행동에 의존해선 안 된다고 당부한다. 인류의 이런 연결성을 인식하지 못하거나 인식하지 않으려는 마음 때문에, 이기적 혹은 악의적으로 행동하거나 의롭지 못하고 잔인한 일을 하는 사람들도 있다. 타인의 행동과 상관없이 각자의 행동에는 공동체에 도움이 되는 것이 들어 있어야 한다. "억지로는 아무 일도 하지 말고, 공동선을 고려하지 않고는 아무 일도 하지 마라 …."[18]

나는 마르쿠스 아우렐리우스의 생각이 인류에 대한 절망을 막아 주는 데 큰 도움을 준다고 생각한다. 반사회적 행동은 언제나 존재할 것이다. 그러나 우리의 행동이 이런 반사회적 행동과 행위자에게 영향을 받아서는 안 된다. "공동선과 관련이 없는 사람들이라면, 그들에 대해 생각하면서 당신의 남은 생을 허비하지 마라."[19] 그들은 결국 자기에게 해를 끼친다. 공동체에 도움을 주는 행동을 하는 사람들은 대체로 공동체의 일부가 되어 유대감과 공동체 의식을 경험하며, 이런 유대감은 다시 삶의 의미를 경험하는 데 도움을 준다.

심리적 평안을 위해 공동체에 소속되는 것이 대단히 중요한 또 다른 이유가 있다. 고독한 전사처럼 삶을 헤쳐 나가는 사람은 자기 행동과 불행에 직접 책임이 있다. 이와 반대로, 공동체의 일부로 자신을 보는 사람은 모든 일을 혼자 하지 않아도 된다는 것을 안다. 이런 인식은 큰 편안함과 안도감을 준다. 흔히 말하듯, 고통은 나누면 반으로 줄고 기쁨은 나누면 두 배로 커진다.

우정에 도전하기

우정은 공동체의 특별한 형태를 보여 준다. 대가족 안에서 사는 사람이 점점 줄어드는 우리 사회에서 우정의 역할은 중요하다. 여러 연구가 행복에서 우정이 갖는 중요성을 보여 준다. 신뢰할 수 있는 친구가 있는 사람은 더 즐겁게 생활할 뿐만 아니라 더 건강하게 산다. 사회적 존재로서 우리는 우리 곁에 있으면서 무언가로 서로 연결되어 있는 사람들이 필요하다.

인간은 가족 안에서 태어나고 가족은 기본적으로 공감과 관계없이 형성되지만, 친구 관계에서 공감은 매우 중요하다. 사람들은 의식적으로 서로 공감하는 관계를 찾는다. 우리는 대개 자신과 어느 정도 비슷한 사람, 즉 비슷한 수준의 교육을 받았고, 가치와 확신을 공유하며, 어느 정도 비슷한 사회 계층에 속하는 사람을 친구로 사귄다. 간단히 말해서, 친구는 중요한 것을 공유하는 사람이다. 그렇다면 '참된' 우정의 특성은 무엇일까? 친구들이 자신을 쓰레기통처럼 여긴다고 말하는 사람을 나는 많이 만난다. 친구들이 자신의 문제와 욕구를 인지하지 못한 채 삶을 괴롭히는 모든 것을 그 사람에게 쏟아 버리는 것이다. 그러나 우정은 이런 일방적 관계가 아니라 상호 존중에 기초해야 한다.

그리스 철학자 에피쿠로스는 우정의 본질이 상호 이익, 즉 상호 지원에 있다고 생각했다. 이런 도움의 측면이 없다면 사람들은 친교를 맺지 않는다. 이 도움이라는 형태는 이용과는 아무 관련이 없다. 우리가 어려움을 겪을 때 친구가 우리 곁에 있어 주거나 잘못할 때 친구가 비판해 주기를 기대한다면, 우리는 우정에서 도움을 얻는 것이며 누구를 이용하는 것이 아니다.

나는 진정한 친구를 식별하는 법에 대한 한나 아렌트의 생각이 대단한 통찰력을 보여 준다고 생각한다. "불행할 때 참된 친구를 알게 된다는 속담은 당연히 일리가 있다. 그러나 불행과 관계없이 우리가 친구라고 여기는 사람들은 우리가 부끄러움 없이 행복을 보여 줄 수 있는 사람이고, 우리는 그들이 함께 기뻐하기를 기대한다."[20] 아마도 당신은 지금 이런 생각을 할 것이다. 다른 사람에게 행복과 기쁨을 드러내는 일이 무슨 큰 문제일까? 다른 사람에게 자신의 행복을 드러내는 일은 특별히 어렵지 않다. 중요한 것은 다른 사람의 반응이다. 좋은 일이 생겼을 때 함께 기뻐하는 것보다 나쁜 일이 일어났을 때 연민을 보여 주는 일이 쉬운 경우가 많다. 연민을 받는 사람은 보통 연민을 드러내는 사람보다 더 나쁜 상황에 있다. 그러나 행복은 대부분 그 반대다. 사람들은 대체로 타인의 고통이 아닌 행복에 질투를 느끼므로 연민을 보여 주는 일이 함께 기뻐하는 것보다 쉽다. 만약 친구가 온전히 마음을 담아 함께 기뻐할 수 있다면, 그 사람이 진짜 친구다.

플라톤도 좋은 우정의 중요한 특성 한 가지를 지적했다. 바로 상호 신뢰다. 오늘날까지도 이 상호 신뢰의 중요성은 크게 바뀌지 않았다. 대부분의 독일인에게 개방성, 신뢰성, 솔직함은 참된 우정의 필수 조건이다. 그러나 모든 우정에 실존적 깊이가 있어야 하는 것은 아니다. 사람들은 언제나 다양한 이유로 서로 친하게 지낸다. 우리는 극소수의 사람들과만 깊은 우정을 나눌 수 있다. 우리가 진정 서로 연결되었다고 느끼고,

우리의 모든 기대, 갈망, 상처, 문제를 털어놓을 수 있는 사람은 보통 다섯 명이 넘지 않는다. 그러나 우리는 일상에서 더 많은 사람과 다양한 방식으로 시간을 보내고 그 만남을 편안하다고 느낀다. 그리스 철학자 아리스토텔레스가 이미 그 차이를 지적했다. "여러 사람과 연인 관계를 즐기는 일은 가능해 보이지 않는다. 연인 관계는 특별히 높은 수준의 친밀한 애정이 필요하고, 이런 애정은 오직 한 사람과의 관계에만 존재하기 때문이다. 같은 이유로, 많은 사람과 아주 깊은 친교를 나누는 일도 전혀 가능해 보이지 않는다. 깊은 우정의 관계도 소수와만 맺을 수 있다. 많은 친구가 있고 그들과 동등한 친교를 나누는 사람은 사실 누구의 친구도 아니며, 그 관계는 이웃이나 동료 시민 관계에 불과하다. 이런 사람들을 아부꾼이라 부르기도 한다."[21]

아리스토텔레스는 우정의 형태를 세 가지로 구분했다. 그는 이익을 위해 맺어진 우정, 함께 즐기는 데 도움을 주는 우정, 친구들이 공유하는 어떤 동질성에 기초한 우정에 관해 이야기했다. 아리스토텔레스는 마지막 우정이 진정한 우정을 보여 준다고 여긴다. 그의 관점에서 이 마지막 우정은 다른 두 가지 우정과 근본적으로 다르다. 진정한 혹은 깊은 우정에서는 타인이 인간으로서 중심에 있기 때문이다. 우리는 타인의 개성을 존중하고 타인은 인간으로서 우리의 관심을 불러일으키므로, 우리는 타인과 함께하는 시간을 즐긴다. 진정한 친구는 우리에게 감정을 이입하고, 공감하며, 우리를 있는 그대로 받아 줄 수 있다. 이것이 진정한 친구의 특성이다. 이런 친구 관계에서는 자신을 꾸밀 필요가 없다.

아리스토텔레스는 현대 심리학이 확증한 사실 하나도 강조했다. 우정은 연습과 인내가 필요하다. 우정은 하늘에서 떨어지지 않는다. 아리스토텔레스는 우정을 맺겠다는 결정은 신속하게 내려지지만, 우정 그 자체는 시간이 필요한 일이라고 말한다. 우정은 성장해야 하고 강요할 수 없는데, 신뢰와 존중이 우정의 기초이기 때문이다. 사람들은 누군가를 만나면 그가 더 많은 시간을 함께 보낼 가치가 있는 사람인지 재빠르게 훑어본다. 그렇다는 판단이 들 때, 그를 친구라고 부를 때까지 자발적으로 함께 보내는 시간이 필요하다.

우정은 타인을 신뢰할 준비가 되어 있을 때만 생겨난다. 오늘날 점점 더 많은 사람이 바로 이 신뢰를 어려워한다. 적지 않은 심리학자들이 우리 사회의 자기애 성향을 확인해 준다. 자기애에 빠진 사람은 타인에게 조건 없는 감탄을 요구하고, 타인을 단지 자신을 더 잘 보여 주기 위한 통로로 이용한다. 우정을 자기과시의 통로로 이용하는 사람은 우정의 진정한 의미를 이해하지 못한다.

인격에 대한 참된 존중을 바탕으로 한 이런 우정 이외에도 다른 우정 형태도 있다. 이 우정 형태도 중요하고 가치가 있으며, 나름의 규칙이 있다. 아리스토텔레스에 따르면, 이익을 위해 맺어진 우정은 그 이익이 존재하는 한 지속된다. 이익이 더는 존재하지 않으면, 이 관계는 끝나거나 휴면 상태로 들어간다. 여기서 이익을 부정적으로 이해해서는 안 된다. 우리는 살면서 우리 자신을 위해, 혹은 특정 목표를 위해 끊임없이 서로 결합하고 동맹을 맺는다. 중요한 것은 이런 이익이 궁극적으로 결합된 모든 사람에게 이익이 되는 상황을 만들어 주는 것이다. 현대의 사업적 동반자 관계는 아리스토텔레스의 "이익의 우정"과 상당히 비슷하다. 이런 '이익의 우정'으로 결합된 사람과도 종종 시간을 보내고 함께 아름다운 경험을 많이 할 수 있지만, 사적 문제를 공유하지는 않을 것이다.

공동의 즐거움이 기본 중심이 되는 관계에서도 상황은 비슷하다. 이 관계는 우리에게 유용하지만 깊어질 필요는 없다. 우리는 서로 공감하고 가치를 공유하는 사람과 친구가 된다. 공동의 가치 및 신념의 공유가 즐거움을 위한 관계에서 우선하는 과제는 아니다. 즐거움이 중심인 우정 관계에서 가치관이나 태도의 차이가 분명해지고 전면에 나서게 되면, 이 관계는 깨질 수 있다. 혹은 함께 즐기면서 '접착제' 역할을 하던 취미나 흥밋거리가 더는 존재하지 않을 때 이런 종류의 우정은 끝이 난다.

사업적 우정의 유용성과 목표를 알게 되면, 이 우정 또한 멋진 일이라는 것을 이해할 것이다. 사업적 우정은 직업 생활을 풍성하게 만들어 주고 각자의 목표 실현에 도움을 준다. 다만 이 우정에서 자주 생기는 문제가 하나 있다. 직업적 연결이 끊어지면 사업에 기초한 우정의 유용성도 사라진다. 그래서 많은 사업적 우정은 직장을 떠난 후에 쉽게 휴면 상태에 빠진다. 상대에게 보여 준 공감만으로는 이런 사업적 우정을 계속 유지하지 못하는 경우가 많다.

즐거움이나 직업적 이익을 위해 맺어진 우정도 당연히 진정한 우정으로 발전할 수 있다. 이런 발전은 타인을 그 자체로 존중해 줄 때 일어난다. 누군가의 지위나 역할이 아닌 그 사람 자체가 우리에게 흥미를 불러온다. 그럴 때 우리는 그 사람과 시간을 보내고 싶어 한다. 그가 우리의 목표 달성에 도움을 주는 문을 열어 주기 때문이 아니라 영감과 삶의 풍성함을 경험하게 해주기 때문이다.

우정의 다양한 형태를 이렇게 구분하면, 특정한 우정 형태를 과도하게 요구하거나 특정 우정이 제공할수 없는 것을 기대하는 것을 막아 준다. 세 가지 우정 형태 모두 각자의 정당성이 있는데, 모두 건강한 사회생활을 위해 필요하기 때문이다. 다만 우리는 누구에게서 무엇을 기대할 수 있는지를 늘 의식해야 하고, 상대에게 신뢰를 얻는 방법을 알아야 한다. 이런 통찰에 성공하면, 자신과 깊은 관계로 연결되지 않은 사람들과도 멋진 시간을 보낼 수 있고 즐거움을 많이 얻을 수 있다. 우정의 모든 형태는 각각 다른 방식으로 삶을 풍성하게 해 줄 수 있다. 그러므로 모든 형태의 우정을 가꾸고 유지하는 일이 중요하다.

초월의 의미에 대해

지금까지 다룬 의미 요소들이 인간의 내재적 본성과 관련이 있다면, 영성과 종교성은 초월과 관계 있다. 더 높은 존재와 연결되어 있다고 느끼고, 더 큰 힘을 지닌 존재의 지지를 받은 경험은 귀중한 의미 원천을 갖게 한다. 그러나 여기서 중요한 것은 그 힘이 긍정적 의미를 품고 있느냐이다. 벌주시는 하느님과 영원한 지옥의 고통 때문에 두려움에 빠진 사람은 이 초월적 차원을 삶을 형성하는 데 도움이 되는 요소가 아니라 삶의 기쁨을 파괴하는 무거운 짐이자 부담으로 경험한다.

긍정적 초월 관계에서는 개인이 하느님을 체험할 때 자신이 선택받고 사랑받는다는 경험을 하고, 자신의 삶과 죽음이 무의미하지 않으며, 자기 삶에 어떤 목적 같은 것이 있을 수 있다는 느낌을 받는다. 거의 '비어 있는' 우주를 대면하는 대신, 더 높은 어떤 존재와 관계를 맺는다는 느낌은 활력의 중요한 원천이 될 수 있다. 모든 일의 뒤에는 하느님이 계신다고 믿는 사람은 비록 죽음과 함께 모든 것을 남겨 두고 떠나야 하더라도 자신이 했던 모든 일이 헛된 것은 아니라고 느낄 것이다.

세속 차원을 초월하면 자아(Ego)에만 지나치게 집착하는 일도 멈춘다. 이것이 바로 신앙심이 깊은 사람들이 종종 타인을 위해 적극 투신하는 이유 가운데 하나다. 자기 자신과 자신의 관심사에만 몰두하지 않기는 충만한 의미 체험의 중요한 전제 조건이다. 한편, 신앙은 삶의 위기에서, 비록 출구를 모르더라도 어떻게든 앞으로 나아갈 것이라는 믿음, 비록 그 의미를 체험하거나 깨닫지는 못하더라도 모든 것 안에는 의미가 있다는 믿음을 강화한다. 또한 종교적인 사람은 삶에서 일어나는 모든 일을 스스로 해결하고 통제할 능력이나 필요가 없다는 체험을 해방으로 느낀다. 더 나아가 실패하거나 큰 잘못을 저질렀을 때, 특히 모든 잘못을 용서받지 못했다는 느낌을 받았을 때도, 결국 하느님은 용서하신다는 위로는 대단히 큰 해방으로 경험될 수 있다.

의미의 원천으로서 초월이 어려운 점은, 그것이 '만들어 내기'가 쉽지 않다는 것이다. 우리는 흔히 인간과 더 높은 힘 사이의 관계로 종교를 이해하고, 유일신 전통에서 더 높은 힘은 주로 인격적 존재로 여겨진다. 이러한 종교 이해의 기초는 대부분 종교적 사회화 과정을 통해 형성된다. 당신이 성인으로서 종교적인지 아닌지는 기본적으로 자유의지에 따른 결정이 아니라 어린 시절에 이미 전해 받은 경험 차원의 지속과 확장에 달려 있다. 당연히 종교적 사회화를 경험하지 않은 성인도 종교로 가는 길을 찾을 수 있지만, 그런 경우는 드물다.

종교성이 긍정적으로 경험되는 곳에서는 의미 있는 삶에 도움이 되는 여러 차원이 다루어진다. 공동체 형성도 여기에 포함된다. 특정 교리에 대한 확신뿐만 아니라 종교적 행위도 종교 생활의 특성에 속하는데,

이런 종교적 행위는 개인이 혼자 수행하기도 하고, 공동체가 함께 실행하기도 한다. 특히 의례와 풍습은 공동체가 함께 수행한다. 이런 소속감은 종교 공동체뿐만 아니라 어느 공동체에서나 경험할 수 있다고 반박할 수도 있다. 당연히 비종교 공동체에서도 소속감을 경험할 수 있지만, 종교 공동체에서 주로 나타나는 특성이 있다. 종교들은 오랜 전통 덕분에 대단히 안정적이고, 스스로를 가치 공동체라고 여기므로 구성원들에게 추가적인 안정감을 제공한다. 이런 공통된 가치 규범은 사람들을 하나로 묶어 준다. 이뿐만 아니라 사람들의 부담감을 덜어 줄 수도 있는데, 구성원들이 새로운 방향성을 직접 탐색할 필요가 없기 때문이다.

공동체 소속감이 우리의 정신 건강에 얼마나 중요한지는 앞에서 이미 다루었다. 종교와 관련해서 몇 가지를 추가할 수 있을 것이다. 우리는 종교 공동체 안에서 자신을 시공간에 묶여 있지 않은 어떤 더 큰 존재의 일부로 느끼므로, 종교 공동체를 의미 충만함으로 경험할 수 있다. 나는 종교 공동체의 이런 힘이 일 년 내내 교회 생활과 미사 참례를 하지 않는 많은 사람이 성

탄이나 부활 전례에 참석하는 이유 중 하나라고 생각한다. 대축일 전례에만 많은 사람이 참석하는 경향을 두고, 가족 명절을 좀 더 멋있게 꾸미고 싶은 욕구일 뿐이라거나, 그저 특별한 행사 참석에 지나지 않는다고 비난하는 경우를 자주 목격한다. 내가 보기에 이런 비난은 문제의 핵심을 벗어난 지적이다.

당신이 여전히 종교 의례와 관습을 실천하고 유지하는 사람이라면, 한 번쯤 고요한 시간을 내서 다음과 같은 질문에 대해 생각해 볼 수 있다. 왜 당신은 여전히 종교적 실천을 하고 있고, 그 실천이 당신에게 어떤 의미가 있는가? 아마도 당신이 따르고 있는 종교 전통의 이면에 당신을 지탱해 주고, 방향을 제시하거나 힘을 주는 무언가가 있을 것이다. 그 반대의 경우라면, 당신은 어떤 이유로 더는 종교 생활을 하지 않는지, 종교적 실천을 하지 않는 것이 당신에게 어떤 의미인지를 분명하게 표현할 수 있을 것이다.

여기서 나는 종교와 관련된 여러 가지 긍정적 측면들을 비종교적인 사람들도 당연히 경험할 수 있다는 점을 다시 강조하고 싶다. 의미가 충만한 삶을 꾸리기 위해 반드시 종교적일 필요는 없지만, 긍정적으로 경험된 종교성은 의미의 진정한 원천이 된다. 종교성을 단순히 특정한 조직 형태와 연결하거나 신학의 특정 내용을 틀렸다고 말하면서, 그렇기 때문에 종교는 불필요하다고 설명하는 사람은 종교인들이 경험하는 핵심을 놓치고 있다.

그러나 오늘날 서양 사회에서 긍정적인 초월 관계를 담고 있는 것을 모두 종교적인 것이라고 설명할 수는 없을 것이다. 그리스도교적 서양 전통에서 종교와 거리 두기는 대체로 교회의 가르침에 대한 거부와 연결된다. 이런 사람들은 더는 종교 공동체와 연결되었다고 느끼지 않는다. 이들은 자신들을 스스로 종종 영성적이라고 부른다. 그런데 영성은 명료하게 정의된 개념이 아니다. 영성의 정의는 아주 다양하다. 어떤 영성 개념은 종교적 차원과 밀접하게 연결되어 있고, 또 어떤 영성 개념은 오히려 비의秘儀적 실천과 관련이 있다. 나는 영성을 삶의 '더 깊은' 차원과 접촉하는 데 도움을 주는 모든 것으로 이해한다. 여기서 깊은 차원이 반드시 하느님을 뜻할 필요는 없다. 다만 영성은 자아

집착의 극복을 목표로 해야 한다.

　우리는 삶에서 최고의 즐거움과 쾌락을 얻으려고 노력할 수 있다. 또는 일과 활동에서 이 세계에 나 혼자 살지 않는다는 것을 늘 고려할 수도 있다. 후자의 태도는 자기 행복과 고통뿐 아니라 타인의 행복과 고통에도 관심을 두게 한다. 이런 관심을 통해 우리는 자아와 자신의 욕구에 대한 배타적 집착을 극복한다. 안타깝게도 우리 사회는 주일 강론에 빈번하게 등장하는 이런 태도를 긍정적으로 평가하면서도, 실제로는 자신의 이익을 우선 돌보고 자신의 바람과 욕구 충족을 삶의 나침반으로 선택했던 사람을 칭송한다. 우리는 이런 사회에 살고 있다.

　오해를 피하기 위해 덧붙이자면, 나는 건강한 자아 가꾸기라는 관점에서 자신과 자신의 욕구를 돌보고 즐거움과 기쁨을 주는 일을 하는 것을 대단히 중요하다고 생각한다. 그러나 이런 쾌락주의 태도가 행동의 유일한 동력이 되면, 지속적인 만족 대신 우리 뇌 속 쾌락 중추를 활성화하는 자극을 더 많이 끊임없이 추구하게 된다.

영성적 차원이 반드시 초월적 영역을 지향할 필요는 없다. 조용함과 내면의 고요 추구하기, 자신에게 다시 집중하기, 일상의 번잡스러움에 대응하기는 영성에게 세속의 옷을 입힌 새로운 형태다. 소위 이런 세속적 영성은 지금 여기에서 삶을 구성하는 데 더 많은 관심을 두고, 전통 영성이 강조하는 구원, 신과 영혼의 재결합, 깨어남이나 깨달음과 같은 주제에는 관심을 덜 둔다. 영성의 이런 다소 현대적인 변형에서는 자기 인식, 자기규정, 위기 경험 이후 삶의 재정립이 영성적 차원과 결합된다.

그사이 다시 큰 사랑을 받고 있는 순례가 중요한 역할을 한다. 적지 않은 사람들이 삶의 문제를 해명하고 삶의 방향을 정하기 위해 오랫동안 순례의 길을 걷는다. 하이킹과 달리 순례자 숙소에서 숙박하기, 길을 걸을 때 침묵하기처럼 완전히 정해진 틀 속에서 진행된다는 점 그리고 외부의 긍정적 평가도 순례라는 내면적 여정을 유용하게 만들어 준다.

사람들이 영성 체험과 관련하여 긍정적으로 평가하는 활동이 일상에서 어느 정도 긴 시간을 떠나야 하는 순례만 있는 것은 아니다. 자연에서 시간을 보내는 것도 풍요로운 체험이다. 영성 체험에서 자연이 주는 풍요로움은 신경 생물학 관점에서 설명될 수 있다. 우리 뇌는 도시라는 문명화된 공간에서보다 자연에서 더 쉽게 활동을 중단할 수 있는데, 도시는 자극이 끊임없이 넘쳐나기 때문이다. 인간의 스트레스 호르몬 수치는 자연보다 도시에서 훨씬 높다. 기계가 만드는 소리와 달리 소음으로 느껴지지 않는 자연의 다채로운 소리가 흥미롭게도 자연의 고요함을 만든다. 이 고요함이 긴장을 푸는 데 도움을 준다. 그러므로 우리는 몸에게 호의를 베풀기 위해 홀로 이런 휴식 공간을 계속 찾아야 한다.

안타깝게도, 그사이에 일어난 변화 때문에 고요함의 원천인 자연을 언제 어디서나 찾아갈 수는 없게 되었다. 점점 더 많은 사람이 대도시에 밀집하여 거주하고, 가끔 재충전을 위해 주말처럼 몇 안 되는 가능한 시간대에 자연 공간을 찾아 점유한다.

그러나 자연 이외에도 오래전부터 고요와 영성에만 전념하고 오직 이 목적만을 위해 만들어진 장소들이 있다. 이 성스러운 공간들은 일상에서 어느 정도 벗어나 있는 평온한 장소이며, 고요에 도달하기 좋은 곳이다. 비록 종교와 관련이 없더라도, 많은 사람이 이런 곳에서 편안함과 좋은 기분을 느끼는데, 이런 곳을 지배하는 분위기가 다르기 때문이다.

당신이 특별한 힘을 느끼는 장소, 혹은 당신이 고요에 도달할 수 있어서 특별한 의미가 있는 장소를 알고 그곳을 반복하여 찾는다면, 당신에게 대단히 큰 도움이 될 것이다. 나는 그런 곳을 고요의 섬이라고 부르는데, 당신의 일상에서 그런 고요의 섬을 계속해서 만드는 것은 좋은 일이다. 아마도 당신은 당신을 위한 이런 장소는 어디 있는지, 혹은 당신이 숨을 고르고 편안히 있을 수 있는 곳은 어디인지 곰곰이 생각할 것이다. 이런 공간이 당신의 일상에 더 자주 포함될수록 당신은 이런 영성적 차원의 긍정적 효과를 더 생생하게 경험할 것이다.

우리가 누구인지,
어떤 태도가 우리에게 좋은지
아는 것이 의미 있는 이유

그러나 의미와 가치가 사회에 도움이 되는 행동이나 공동체에 결합되었다는 느낌 혹은 초월적인 관계에서만 체험되는 것은 아니다. 개인주의가 깊숙이 뿌리를 내린 현대 사회에서는 자신과의 싸움이 의미 체험의 중요한 한 가지 요소다. 자신을 잘 아는 사람은 삶을 훨씬 더 의식적으로 통제하고, 자신만의 강조점을 정할 수 있다.

지식을 얻고, 창조적이 되며, 어떤 일을 실현하고, 도전을 추구하며 그 도전에 맞서는 것 등이 의미 있는 일로 체험될 수 있다. 이런 일에 성공하려면 시간, 자극, 지원이 필요하다. 그러므로 구성원들의 발전에 도움을 주는 사회는 궁극적으로 그 자체로 좋은 일을 하는 것이다. 사람들이 자신의 가능성을 더 잘 실현하고 자신의 약점과 부족한 점도 더 잘 평가할수록, 더 잘 발전할 수 있기 때문이다.

그러나 자아실현이 중요하거나 유일한 목표가 되는 사회에서는 자아실현이 자아도취로 변질될 수 있고, 그 때문에 공동체 구조가 파괴될 수도 있다. 이런 위험을 방지하기 위해 사회는 자아실현을 위한 자극도 제공해야 하고, 동시에 긍정적 태도 및 친사회적 성격도 장려해야 한다.

사회가 장려해야 할 두 가지 태도는 열린 마음, 즉 관용과 감사다. 이 태도를 관대함이란 개념으로도 요약할 수 있는데, 관대함은 경제적 문제에만 연관되는 태도가 아니기 때문이다. 이런 태도들이 이기주의에 대항하는 좋은 균형추 역할을 한다. 또한 관용과 감사는 의미 형성의 가능성도 제공한다. 관용을 베풀고 감사하며 살아가는 사람은 다양한 삶의 영역에서 의미를 경험하기 때문이다.

나는 누구이고 무엇이 나를 규정하나?

우리를 인격체로 규정하는 것이 무엇이냐는 질문에 답하는 일은 의미 및 가치 경험에서 중요하다. 우리가 자신을 더 잘 알수록 자신의 진정한 욕구, 능력, 재능뿐만 아니라 약점도 더 잘 알 수 있기 때문이다. 이런 인식을 통해 우리는 자신에게 인격적으로 의미 있는 일을 더 쉽게 알게 된다. 로마의 정치가이자 철학자인 키케로는 『의무론』에서 인간은 원래부터 자신의 인격에 결국 영향을 주고 인격을 규정하는 몇 가지 타고난 요소들을 지니고 있다고 말했다. 이런 요소들을 잘 이용할 줄 아는 사람이 삶의 질을 높일 수 있다. "그러므로 누구나 자신의 개별 성격을 잘 알아야 하고 엄격한 재판관이 되어 자신의 장점과 단점을 입증해야 한다. … 그러므로 우리는 자신에게 가장 적합한 일에 주된 노력을 기울여야 한다."[22]

자신에게 엄격한 재판관이 되어야 한다는 말은 자신을 완고하게 대하라는 뜻이 아니며, 자신이 원하는 모습이 아니라 지금 그대로의 모습을 바라볼 준비를 진지하게 하라는 뜻이다. 세네카도 현실적인 자기 평가의 중요성을 강조했다. "왜냐하면 우리는 대체로 자신의 능력을 과대평가하는 경향이 있기 때문이다. 어떤 이는 자신의 달변을 믿었다가 어려움에 처하고, 어떤 이는 아버지의 재산에 과도한 기대를 하며, 또 다른 이는 자신의 약한 육체에 과도한 혹사를 강요한다."[23]

세네카의 통찰은 오늘날 여러 심리학 연구에서 타당성이 입증되었다. 우리는 실제로 자기 능력을 과대평가하는 경향이 있다. 이런 경향은 진화의 관점에서 보면 큰 장점인데, 자기 능력을 과대평가하면서 우리는 새로운 도전에 과감하게 나설 수 있기 때문이다. 그런데 이런 과대평가에는 심각한 결점이 하나 있다. 자기 능력의 과대평가는 상황의 현실적인 평가를 방해한다. 자신이 추측한 능력과 실제 현실 사이의 괴리가 너무 클 때 우리는 보통 실패를 겪는다. 이런 실패를 맛본 후에도 여전히 비판적 자기 성찰을 하지 못하면, 우리는 같은 실패와 실수를 끊임없이 반복할 것이다. 그러므로 자신을 타인이라는 거울에 비추어 보는 일이 중요하다. 특히 우리를 좋게 생각하는 사람뿐만 아니라 우리의 행동과 실천을 조금 더 비판적으로 보는 사람의 평가가 중요하다.

나는 키케로의 글에 나오는 또 다른 견해도 대단히 중요하다고 생각한다. 키케로는 삶의 에너지를 자기 능력에 맞지 않은 곳에서 낭비하면 안 된다고 조언한다. 자신을 과대평가하는 바람에 궁지에 빠질 수 있듯이, 잘하지 못하는 영역에 자신의 에너지 전부를 투입하여 자신의 성장을 막아 버릴 수도 있다. 자기 잠재력과 재능에 힘과 에너지를 모으는 것이 삶의 만족도를 높이는 데 더 도움이 될 것이다. 긍정 심리학의 선구자 마틴 셀리그먼과 크리스토퍼 피터슨도 정확히 이 방법을 조언한다.

안타깝게도 우리는 삶에서 가장 잘하는 일만 할 수는 없다. 우리는 가끔 자신에게 전혀 맞지 않고 작업 과정에서 어려움을 겪게 되는 과제와 도전에 직면한다. 예를 들어, 내성적인 당신은 청중 앞에서 말하기가 힘들지만, 회의에서 동료들 앞에서 발표를 해야 한다. 이런 경우에 대해 키케로는 다음과 같이 조언한다. "그러나 자기 재능에 맞지 않는 일을 어쩔 수 없이 해야 할 경우가 생기면, 우리는 그 일을 잘 수행하는 것보다 가능한 한 부적절함이 적게 나타나도록 모든 신중함과 연습, 주의를 기울여야 한다. 우리는 자신에게 주어지지 않은 장점을 추구하기보다는 실수를 피하기 위해 노력해야 한다."[24]

재능과 약점 이외에 성격 및 가치관도 인격을 구성하는 데 중요한 역할을 한다. 이런 측면들을 좀 더 잘 알고 싶다면, 즈벤 슈틸리히가 『나를 만드는 것』에서 서술한 방법론이 도움을 줄 것이다. 슈틸리히는 우리가 질문을 통해 자신에게 더 가까이 다가갈 수 있다고 확신했다. 슈틸리히에 따르면, '왜', '언제', '어디서', '누가' 대신 '어떻게' 또는 '얼마나 많이'를 묻는 것이 더 좋다. 슈틸리히가 볼 때 이런 질문 유형이 대단히 유용한 세 가지 영역이 있다. 첫 번째 영역은 우리가 살면서 만나는 사람들이고, 두 번째 영역은 사물, 세 번째 영역은 우리의 기억이다. 여기서 흥미로운 점은, 우리 스스로 제시하는 많은 대답이 다시 계속되는 질문의 기초가 될 수 있다는 점이다. 그렇게 우리는 자신을 점점 더 세밀하게 알아 간다.

슈틸리히는 누구나 자신의 욕구에 따라 확장할 수 있는 포괄적인 질문 목록을 하나 만들었다. 몇 가지 예만 들자면, 왜 특정한 사람이나 사건이 내 삶에서 중요한 역할을 하나? 누가 나에게 영감을 주나? 사회에서 나는 어떤 사람을 편안하게 느끼고 어떤 사람은 피하고 싶어 하나? 그 이유는? 나는 누구에게 사과해야 하나? 나는 어떤 종류의 우정을 선호하나? 나는 어떤 물건을 버리지 않는가? 그 이유는? 혹은 나는 왜 물건을 전혀 보관하지 않나? 왜 나는 집을 지금 모습으로 꾸몄을까? 나는 무엇을 더 많이 혹은 더 적게 가지고 싶은가? 내가 했던 일이나 하지 않은 일 중에 후회하는 일은 무엇인가? 기대하지 않았던 일 가운데 성취한 것은 무엇인가? 내가 했던 일 또는 그냥 내버려두었던 일들 가운데 여전히 부끄러워하는 일이 있는가?

이 질문들에 대한 모든 대답과 그 대답에서 다시 발전한 질문들은 우리 자신에 관해 무언가를 설명해준다. 모든 대답과 질문들이 우리가 자신을 보는 관점이나 타인이 보았으면 하는 우리의 모습과 일치하지는 않는다. 그러나 우리가 이런 질문들로 자신과 더 많이 대면할수록 자신 안에 있는 더 많은 측면을 알게 될 것이다. 이 과정에서 우리는 삶의 여정을 지나오면서 자신의 태도와 확신이 바뀌었고, 한때 중요하게 여겼던 것들이 의미를 잃었거나, 혹은 그 반대의 경우를 보게될 것이다. 우리는 성격과 정체성이 완결되고 고정된 것이 아니라 어느 정도 유동성을 띠고 있음을 이해하게 된다.

그래서 나는 불변의 본질적 핵심이 우리 내면에 존재하고 각자 그 핵심을 발견하고 인식해야 한다는 생각은 유용하지 않다고 본다. '참된 자아', '변하지 않는 본질적 핵심'을 찾는 사람들은 아마도 평생 그것을 찾아 헤맬 것이고, 최악의 경우에는 그 때문에 삶의 일부를 잃어버릴 수도 있다. 그들이 이런 탐색 과정을 통해 이 주제에 특화된 전문 안내자들의 수입 증대에 기여하는 것은 다른 차원의 문제다.

우리는 살아가면서 자신과 자신이 선호하는 것을 바꿀 수 있다. 우리는 특정한 작업을 수행하면서 어떤 특성이나 선호를 처음 발견하기도 하고, 새로운 과제나 바뀐 삶의 환경에 부딪히면서 어떤 특성이나 선호를 완전히 새롭게 개발하기도 한다. 우리 삶의 이런 유동성 때문에 나는 진정한 자아 찾기가 삶에서 충만함과 성취를 경험하기 위한 적절한 목표가 아니라고 생각한다. 충만함은 참된 자아 인식에서 경험되는 것이 아니다. 우리 인격의 일부 혹은 어떤 측면과 공명하는 대상이나 사건과 만날 때 우리는 풍성함이나 충만함을 느끼게 된다.

이처럼 나는 우리 안에 명료하게 정의된 내면적 핵심은 없다고 믿지만, 상대적으로 일정한 성격적 특성 몇 가지는 우리가 보유하고 있다고 확신한다. 물론 이 특성의 정도는 개인에 따라 다양하다. 심리학에서는 이른바 "빅 파이브"big 5, 즉 지구에 있는 모든 사람에게서 발견되지만, 그 강도는 다양하게 나타나는 다섯 가지 성격 특성을 말한다. 그 다섯 가지는 외향성, 친화성, 신경성, 경험에 대한 개방성, 성실성이다. 외향성은 인간의 사교성, 활동성, 모험심, 세상을 향한 개방성의 정도를 뜻한다. 친화성은 배려, 도우려는 의지, 공감 능력, 협력 의지와 같은 태도를 의미하고, 신경성은 한 사람의 심리적 안정성, 불안감, 안전감, 스트레스 저항성,

심리적 취약성, 만족감의 정도를 표현한다.

우리는 자신의 성격 특성을 의식하고 이를 잘 다루어서 특성이 드러나는 정도를 통제할 수 있다. 예를 들어, 당신은 관심을 받거나 중심에 있으면 금방 긴장하는 다소 내성적인 사람일 수 있다. 그러나 당신은 살아가면서 어느 정도 주목을 받더라도 그렇게 많이 긴장하지 않는 방법, 즉 당신의 신경성 성향을 낮추는 방법들을 배우고 개발할 수 있다. 이와 마찬가지로, 협력과 배려를 더 잘하는 법도 배울 수 있다. 이런 노력의 과정에서 또 다른 변화들이 서로 영향을 주고받으면서 일어날 수도 있다.

한편, 각자가 전혀 의식하지 못하는 성격 특성도 있는데, 이 특성들은 가족에게 물려받은 무의식적 신념에 기초하기 때문이다. 부모님에게 자주 들었던 말이나 부모님의 행동을 깊이 생각해 보면 이런 신념들의 일부를 발견할 수 있다. 예를 들어, 부모님은 칭찬을 성과와 연결했나? 혹은 대세를 따르기 위해 다른 사람들이 하는 것처럼 행동했나? 가족이 함께 보내는 시간은 소중하고 가치가 있었나? 이런 질문과 관련해서 자신의 가족사를 살펴보는 것은 가치 있는 일이다.

그러나 무의식적 특성이 이런 근본적 탐구를 통해서 드러나는 것만은 아니다. 가끔 우리는 불편한 대립을 피하고 싶거나 타인에 대한 의무감 때문에 사회에서 기대되는 행동을 하기도 한다. 이런 상황이 오랫동안 지속되면, 우리는 어느 순간 자신이 무엇을 원하고 자신이 누구인지 알지 못하는 상황에 이르게 되는데, 타인의 안경을 통해서만 자신을 보기 때문이다. 자신의 삶이 아닌 타인의 삶을 사는 것 같은 이런 느낌은 정신적 행복에 부정적 영향을 미칠 수 있다. 자기 자신이 될 수 있다는 느낌이 더 많이 들수록 자기 삶이 더 의미 있다고 느끼기 때문이다.

내가 보기에, 삶의 의미와 성격 특성 사이의 관계에서 중요한 또 하나의 측면이 있다. 바로 의미 경험을 더 쉽게 하는 성격 유형이 존재한다는 것이다. 즉, 친사회적이고 낙관적인 사람들이 자신의 삶을 더 의미 있게 느끼는 경향이 있다. 아마도 이런 성향의 사람들이 삶의 질을 개선하는 데 대체로 도움을 주는 특정 태도를 내면적 동기에 따라 더 쉽게 취할 수 있기 때문일 것이다. 그 특정 태도는 관대함과 감사함이다. 인간 본성의 좋은 점은 고정된 것이 아니라 바꿀 수 있다는 것이다. 그러므로 인간은 다른 사람들이 당연하게 여기는 태도들을 의식적으로 훈련할 수 있다. 나는 그 태도들이 삶의 질을 더 높여 준다면 노력할 가치가 있다고 생각한다.

관대함을 향한 용기

관대한 사람들은 자발적으로 기꺼이 타인에게 그들이 기대하지 않았던 가치 있는 것을 준다. 대다수는 관대함을 찬양하지만, 우리 사회에서는 오히려 그 반대의 태도가 더 큰 보상을 받는다. 가능한 한 모든 것을 긁어모으고 가져가는 사람이 영리한 사람으로 인정받는다. 소매점 사이의 할인 경쟁, 편법적인 세금 탈루나 불법 노동, 복지 보조금 부정 수급에서뿐만 아니라 가계나 기업 그리고 모든 사회 계층에서 주는 것보다 받는 것이 행복하다는 태도가 드러난다. 반면, 여러 연구는 기꺼이 주려는 사람들이 언제나 요구할 권리가 있다고 믿는 사람들보다 훨씬 행복하다는 것을 보여 준다.

인간은 생후 15개월 정도가 되면 공정과 친사회적 행동에 관한 관념이 천천히 발달한다. 공정하고 친사회적인 행동들이 아이의 발달 과정에서 가족, 어린이집, 유치원, 학교라는 직접적 환경과 궁극적으로는 사회에서 더 많이 장려되고 요구될수록 아이들은 이런 행동을 더 많이 보여 준다. 중요한 것은 친사회적 행동을 모범으로 보여 주는 일이다. 삶으로 보여 주지 못한 가치와 태도를 말로만 전하는 것은 상대적으로 효과가 없다.

반면에 어릴 때 친사회적 행동을 배운 사람은 대부분 성인이 되었을 때도 그런 행동을 보여 준다. 그러나 친사회적이고 협력을 잘하는 사람들도 상대가 오직 자신의 이익만 생각한다는 느낌을 받으면 행동을 바꾼다. 우리는 공정성이 심각하게 훼손되지 않는다는 느낌이 있을 때만 기꺼이 베푼다. 가끔 한 개인이 행한 반사회적 행동이 이기주의의 폭발을 일으키기도 한다.

친사회적 행동의 특별한 형태는 관대함 또는 너그러움이다. 이것은 이미 아리스토텔레스도 중요하게 여긴 덕목이다. 아리스토텔레스에게 관대함은 자신의 재물과 관련된 행동에서 나타난다. 덧붙여 말하자면, 덕이란 오늘날 우리가 태도라고 부르는 것이다. 아리스토텔레스는 모든 윤리적 덕에는 너무 많거나, 너무 적거나 혹은 적절하다고 평가하는 기준이 있다고 확신한다. 관대함은 아리스토텔레스가 보기에 인색함과 낭비 사이의 적절한 중간이다. 관대한 사람은 자신의 재정을 잘 관리하는데, 그렇게 해야만 오랫동안 관대할 수 있기 때문이다. 관대한 사람은 자기 돈의 일부를 기꺼이 내놓는 사람이다.

아리스토텔레스는 관대함에서 절대 필요한 두 가지 측면을 강조한다. 관대한 사람은 "관대한 행동을 기꺼이 하고, 억지로 하지 않는다."[25] 계산이나 강압 때문에 무언가를 주는 사람은 관대한 사람이 아니며, 실제로는 자신이 버리고 싶은 것만을 주는 사람과 비슷하다. 예컨대, 지하실, 다락방 같은 곳을 치우고 거기서 나온 물건을 기부하는 사람은 자신의 물건으로 타인을 기쁘게 할 수도 있지만, 그의 의도가 자기 공간을 비우는 데 있다면 그는 관대한 사람이 아니다.

우리는 관대한 사람을 만날 때 편안함을 느끼는데, 관대함은 종종 개방적 성격과 연결되기 때문이다. 관대한 사람은 인색한 사람이나 탐욕스러운 사람들과 달리 질투심이 거의 없다. 아무것도 베풀지 못하거나, 자기 이익을 위해 손에 닿는 모든 것을 움켜쥐는 사람은 타인에게 무언가를 기꺼이 내주는 데 어려움을 겪는다. 타인의 소유물이 대개는 자기 욕망의 대상이기 때문이다. 관대한 사람은 타인에게 선물하는 일이 자신에게 기쁨을 주므로 자신이 가진 것과 자신에게 의미 있는 것을 나눈다. 흔히 알려져 있듯이, 주는 것이 받는 것보다 더 행복하다. 삶에서 이런 태도를 가꾸는 사람은 더 큰 만족과 충만함을 느낀다. 이런 충만감은 의미 경험의 중요한 구성 요소다.

관대함은 또 다른 멋진 효과도 낳는데, 관대한 사람은 존중받고 사랑받는다. 아리스토텔레스는 이렇게 생각했다. "관대한 사람만큼 덕을 통해 사랑과 우정을 얻는 사람은 없다."[26]

관대한 베풂의 특별한 점은 대가를 요구하지 않는 선물이라는 점이다. 선물을 준 사람이 선물을 받은 사람의 좋아하고 감사하는 모습에 기뻐하는 것과 구체적인 대가를 기대하는 것은 전혀 다른 문제다. 이타주의자들은 이타적 행위에서 즐거움을 느끼므로 이타주의는 이기주의의 한 형태일 뿐이라는 익숙한 비난이 있다. 나는 이 비난이 관대함이나 이타주의보다는 이런 비난을 하는 사람의 인간관에 대해 더 많은 것을 보여준다고 생각한다. 프랑스 출신의 승려이자 세포 유전학 박사인 마티외 리카르는 이런 비난을 논리 정연하게 반박했다. 타인에게 즐거움이나 도움을 준 자신의 행동에 대해 기쁨을 느낀다고 그 사람의 행동 자체가 이기적인 것은 아니다. 리카르에 따르면, 동기가 이기적 행동과 이타적 행동을 결정한다. 단지 자신의 기분을 더 좋게 하려고 무언가를 했다면 그 사람은 이기적 행동을 한 것이고, 반대로 타인의 행복이 행동의 목적이라면 그 사람은 이타적으로 행동한 것이다. 나는 리카르가 중요한 지점을 정확하게 지적했다고 생각한다.

이타적 행동과는 반대로, 선물을 베푼 후 대가를 예측하고 기대한다면 이것은 계산적인 행동이다. 선물에 대한 적절한 '응답'으로 선물 혹은 답례가 강요되는 곳에서는 선물 받은 사람이 어떤 방식으로든 갚아야 하는 채무 관계가 생겨난다. 다만 선물 교환이 분명하게 규정된 특정 문화 전통에서는 상황이 조금 다를 것이다. 그런 곳에서는 이런 선물 교환이 보통 공동체 결속 강화에 도움을 준다. 양쪽은 선물 교환을 통해 서로 결합된다.

한편, 관대함에는 물질적 베풂이 아니라 정신적 넓이와 관련된 또 다른 차원이 있다. 우리는 이를 관용이라고 부른다. 관용은 인간의 결점 및 약점과 관계된 관대함의 한 형태다. 관용은 모든 사람의 삶을 조금 편안하게 만들어 준다. 동료 인간의 결점과 약점을 관대하게 넘기는 것은 동료 인간들의 삶을 좀 더 가볍게 해 줄뿐만 아니라, 자기 자신과 자기 영혼의 평화에도 큰 도움을 준다. 전해지는 이야기에 따르면, 4세기 이집트에 살았던 사막 사부 대大마카리우스에게는 자비라는 망토로 타인의 단점을 덮어 주고 그들의 결점을 친절하게 눈감아 주는 능력이 있었다. "하느님이 세상을 보호하시면서 덮어 주시듯이, 사부 마카리우스도 자신이 본 약점을 보지 않은 것처럼, 자신이 들은 것도 듣지 않은 것처럼 덮어 주었습니다."[27]

우리는 마카리우스가 이런 관대한 태도를 자기 삶에서 어떻게 발전시킬 수 있었는지를 추측만 할 수 있을 뿐이다. 마카리우스에 관한 전승을 통해 우리가 알고 있는 것은 사막 수도승이 된 후 그는 자신과 자기 행동을 끊임없이 반성할 준비가 되어 있었다는 점이다.

다른 사막 사부들도 동료들의 잘못을 보거나 지적할 때, 먼저 시선을 자기 삶으로 돌렸다고 한다. 사부들은 동료들에게 흥분하여 화를 내는 대신, 그들의 잘못을 자기 행동을 점검하는 계기로 삼았다. 이런 과정에서 사부들은 비난받는 타인의 잘못이 자기 안에서도 발견될 수 있다는 결론에 종종 도달했다. 그래서 사부들은 타인을 판단하려고 하지 않았다. 이렇게 사부들은 "남을 심판하지 마라. 그래야 너희도 심판받지 않는다"라는 예수님의 계명을 의무로 받아들였다.

가치 있는 태도를 잣대로 자신을 비판적으로 볼 줄 아는 사람은 자신에게 다양한 결점, 약점, 오류가 있다는 걸 인식할 것이다. 이런 사람들 중 일부에게는 이런 모자란 점을 극복하는 법을 배우는 것이 유용할 수 있다. 그러나 모두가 이런 배움에 성공하는 것도 아니고, 이런 배움이 모두에게 반드시 필요한 것도 아니다. 자신에게 사랑과 감사의 태도를 취하는 것은 자신의 부족함을 받아들이는 데 도움을 준다. 자신의 부족한 점들을 잘 받아들인 사람은 보통 타인의 작은 잘못과 특성에도 관대한 태도를 보인다. 그들은 특정한 결점 제거가 늘 가능한 것도 아니고, 그런 결점이 삶에 특별한 손해를 끼치지 않는다는 것도 안다. 이런 이유로 그들은 타인을 있는 그대로 그냥 둘 수 있다.

이런 종류의 관대함은 받는 사람에게 진정한 선물이 되는데, 그는 자신이 끊임없는 의심과 비판 속에 있지 않다는 느낌을 받기 때문이다. 이 관대함은 주는 사람 자신에게도 선물인데, 상대적으로 의미가 없는 일에 얽혀 에너지를 낭비하지 않기 때문이다.

역사가이자 철학자인 그리스의 플루타르코스가 이와 관련된 유익한 조언을 했다. 플루타르코스에 따르면, 가장 좋은 것은 사람을 있는 그대로 받아들이고 그의 단점에 흥분하지 않는 것이다. 어리석은 사람만이 주변의 부정적 행동에 슬퍼할 것이다. 플루타르코스는 동료 인간에 대한 불평이 자신이 "악에 대한 혐오"라고 불렀던 가치에서 늘 나오는 것이 아니라, 불평하는 사람의 상처받은 자기애에서 종종 비롯된다는 것을 인식했다. 우리는 자신이 겪은 불쾌함을 타인의 책임으로 돌리는 경향이 있다. 이런 불쾌감이 늘 타인의 행동과 관련이 있는 것은 아니다. 그래서 플루타르코스는 타인과의 관계에서 평온함과 부드러움을 지니라고 조언한다.

당연히 관용할 수 없는 행동을 하는 사람들도 있다. 타인을 배려하지 않고, 공격적이고 폭력적이며, 증오로 가득 차 있는 사람도 있고, 파괴적이고 공동생활을 불가능하게 만들거나 고의로 해치는 사람도 있다. 이런 반사회적 행동들은 관용되어서는 안 되고, 분명히 제재를 받아야 한다. 이런 이유로 세네카는 다음과 같이 권유한다. 타인을 향한 온화함이라는 덕이 "저렴하고 습관적인 것이 되어서는 안 된다. … 모든 사람을 용서하는 일은 아무도 용서하지 않는 것만큼 끔찍하다. 용서에는 올바른 기준이 중요하다."[28]

그러나 사회적으로 용납될 수 없는 이런 행동들이

외에, "인간적인, 너무도 인간적인"이라는 명제 아래 배열할 수 있는 행동과 오류들이 있다. 그리고 타인의 이런 작은 잘못과 성격에 조금 더 관대해지는 것이 관련된 모든 이에게 결국 이익이 되는 경우가 많다.

감사는 마음을 넓혀 준다

"감사는 우리에게 베푼 호의에 대한 그 사람에게 주는 존중이다. 이 감사라는 판단과 연결된 감정은 … 선행을 베푸는 사람에 대한 … 존경의 감정이다."[29] 이마누엘 칸트의 말은 다소 딱딱하게 들리지만, 감사의 감정과 관련된 핵심 원리 하나를 설명한다. 감사하는 마음은 대부분 우리가 전혀 기여하지도 않았고 예측하지도 못했던 좋은 일이 생길 때 일어나고, 그럴 때 우리는 그 일에 그냥 고마움을 느낀다. 다른 사람이 우리에게 좋은 일을 했을 때 우리는 이 사람과 연결되었다고 느낀다. 이런 깊은 연결 감정이 바로 감사다. 감사에 관해 키케로는 심지어 이런 말도 했다. "감사를 표현하는 것보다 삶에서 중요한 의무는 없다."[30] 한편, 우리가 감사를 표하기 위해서는 필요한 전제가 하나 있다. 상대는 자신의 일을 자발적으로 기꺼이 해야 한다.

키케로는 감사 표현 여부를 결정할 때 행위자의 생각과 열정을 늘 염두에 두어야 한다고 지적한다. 만약 우리가 받은 정신적 혹은 물질적 선물이 상대의 어쩔 수 없는 행동 때문이라는 사실을 안다면, 감사의 마음이 거의 들지 않을 것이다. 감사는 자신이 경험한 선행에 대한 단순 반응을 훨씬 넘어서는 감정이다. 감사는 우리가 삶의 모든 일을 당연하게 여기지 않는 데서 나오는 태도다.

모든 사람이 감사함을 똑같이 쉽게 느끼는 것은 아니다. 한편으로, 감사함을 느끼는 정도는 각자의 성격구조와 관련이 있다. 외면적 가치에 주로 집중하는 사람, 질투심과 시기심이 많고 인생에서 늘 손해를 본다고 확신하는 사람, 세계관이 부정적인 사람 그리고 타인들이 열등하다고 확신하는 사람은 감사함을 느끼는데 더 어려움을 겪을 것이다. 다른 한편으로, 감사하는 마음의 발달을 더 쉽게, 혹은 더 어렵게 만드는 사회적 신념도 있다. 독립성에 높은 가치를 두는 사회에서 감사를 표현하는 일은 다른 사람에게 의존하거나 심지어 빚지는 일이라는 믿음이 지배한다면, 개인들은 감사함을 좀처럼 표현하지 않을 것이다. 그들은 약자나 의존적인 사람으로 보이고 싶지 않기 때문이다. 이처럼 감사하는 마음의 표현과 발달을 방해하는 개인적·사회적 요소들이 존재하더라도, 우리는 감사하는 법을 배울 수 있다. 감사하는 마음을 가능하게 하는 것은 진화를 구성하는 요소의 일부이기 때문이다. 감사는 관대함을 경험하면 어떤 식으로든 그것을 돌려주는 것이 좋거나 유익하다는 느낌에서 출발한다. 이것이 진화적 기초다. 감사함 그 자체는 빚을 갚아야 한다는 부채감과 관계가 없다. 감사하는 마음과 달리 부채감은 좋은 감정이 아니다. 부채감을 지닌 사람은 채권자에게 종속된다고 느끼기 때문이다. 부채감과는 다르게 감사함은 친구나 부부, 연인, 동반자 같은 관계를 만든다. 감사를 잘하는 사람이 사회적 관계를 더 잘 만들어 가는 이유가 여기에 있을 것이다. 그런데 동반자 관계에서 우리는 다른 사람에게라면 감사를 표했을 일들, 호의, 친절, 양보 등을 당연하게 여기는 경향이 있다. 그러므로 우리는 배우자나 연인이 우리를 위해 해 준 일, 우리를 위해 했다고 알고 있는 일들에 대해 계속해서 감사하는 것에 반대할 이유가 없다.

삶에서 감사할 일이 아주 적거나 전혀 없다고 느끼는 사람들을 위해 감사함을 생각할 때 도움을 줄 수 있는 작은 비법 하나를 이 장 끝에 소개하겠다. 감사하는 사람들은 단지 고마운 일이 더 많이 일어나서 감사할 일이 더 많은 사람일 뿐이라는 생각은 틀렸다. 감사하는 사람들은 다른 사람들보다 더 주의 깊을 뿐이다. 감사하는 사람들은 삶에서 다른 사람들이 무시하는 작은 일들을 더 잘 인지하고 그 일들이 의미 있다고 여긴다. 감사하는 마음을 더 키우고 싶은 사람은 지금부터라도 계속해서 자기 삶을 풍성하게 해 주는 작은 일에 초점을 맞추는 게 좋다. 어떤 사람이 당신에게 작은 호의를 베풀 때 당신은 그 호의를 당연한 일로 여길 수도 있고, 아니면 아름다운 행동으로 인식하고 그 행동에 기뻐할 수도 있다. 또한 감사하는 사람은 자신이 삶에서 거둔 모든 성공이 오로지 자기 능력, 자신의 고된 노동과 피나는 노력에서 나왔으므로 당연히 자신에게 누릴 권리가 있다고 믿지 않는다. 물론 일의 성공을 자기 능력 덕분이라고 할 수 있는 것은 중요하고 긍정적인 능력이다. 삶에서 거둔 모든 성공이 기본적으로 순전히 우연이라고 확신하는 사람은 낮은 자존감 때문에 어려움을 겪고, 낮은 자존감은 삶의 질을 상당히 떨어뜨린다.

그러나 우리가 자기 능력을 신뢰하면서도 삶에서 애쓰고 싸웠던 많은 일이 자신의 노력만으로 성취되는 것이 아님을 아는 것과 우리가 영향을 미칠 수 없고 우연히 일어나는 사건들을 완전히 무시한 채 모든 것을 자신의 공으로만 돌리는 것 사이에는 차이가 있다. 이런 태도의 이면에는 자아도취에 빠진 사람들에게서 흔히 볼 수 있는 과도한 자신감이 자리 잡고 있다. 이들은 자신들의 위대함을 확신한다. 흥미롭게도 나르시시스트들의 이런 태도는 약한 자존감과 연결되는데, 그들은 자신들의 약한 자존감을 인식하지 못한다.

우리 삶에는 우리가 추구하지 않았지만, 우리 내면과 삶의 여정에 뿌리 깊게 자리 잡은 많은 요인이 있다. 태어난 가정, 성장한 국가 및 시기와 같은 모든 요인이 우리 행동에 영향을 미친다. 직업 선택 혹은 소중하게 여기는 우정조차도 우리가 늘 능동적으로 선택하지 않았던 요인들에 의해 결정된다. 예를 들면, 우리는 삶을 구성하는 방식에 어느 정도 영향을 미치는 특정 사회 환경에서 태어난다. 우리는 그 요인들 가운데 일부를 자유롭게 선택할 수 있지만, 그 요인들 자체가 처음에 이미 정해져 있다. 가끔 우리는 운이 좋게도 학교나 직장에서 우리를 지지하고 격려하는 사람을 만난다. 또는 외부 환경 때문에 수요가 갑자기 늘어나거나, 운이 없어서 갑자기 쓸모가 없어진 직업을 선택했을 수도 있다. 우연히 얻은 정보가 다음 삶의 여정에 대단히 유용한 것으로 밝혀질 수도 있고, 그 정보가 별 볼 일 없는 정보일 수도 있다. 우리는 이 모든 요인을 처음에는 알 수 없다. 우리가 영향을 미칠 수 있는 것은 여기서 생기는 기회를 포착하느냐에 달려 있다.

특히 크게 성공한 사람들은 성공에 미친 자신의 영향을 과대평가하는 경향이 있다. 그들은 자신이 거둔 성공을 기본적으로 자신의 천재성, 영리함, 노력, 적극성과 연결 짓는다. 이런 평가에서는, 성공과 실패를 결정할 때 함께 작동하지만, 우리의 통제 아래 머물지 않는 변수들이 종종 뒤로 물러난다. 많은 훌륭한 생각이 하필 잘못된 시간과 장소에 등장하는 바람에 실패하곤 했다. 그러므로 삶에서 일어나는 많은 일이 스스로 영향을 미치지 못하는 상황에 기초하고, 우리는 그 환경에서 계속해서 선물을 받고 있다는 사실을 더 자주 의식할수록, 감사하는 마음이 더 잘 생길 것이다. 가끔 어떤 사람들은 단지 우리에게 기쁨을 주고 싶다는 이유만으로 아주 구체적인 선물을 주기도 한다. 자신의 독립성이 걱정되어, 혹은 무언가를 받아들이는 일이 쉽지 않아서 이런 선물을 허용하지 못하는 사람은 관대함에 감사할 수 있는 아름다운 감정을 스스로 없애 버린 것이다. 자신을 선물로 내어 주는 것은 타인에게 기생하거나 타인에게 자신을 파는 것과 아무 상관이 없다. 이 두 가지 태도는 자신에게 이익이 되는 것만 찾는 이기주의에서 나온다. 삶과 다른 사람에게서 오는 선물을 허락하는 것은 감사와 개방성에 기초한다.

인생에서 감사에 대한 작은 영감을 얻고 싶다면, 마르쿠스 아우렐리우스가 쓴 『명상록』 1권을 읽어 보라고 권하고 싶다. 1권 7장에 다음과 같은 내용이 있다.

"루스티쿠스로부터 나는 나의 발전과 인격 형성을 위해 노력하고, 열정적인 궤변가의 그릇된 길을 피하며, 공허한 이론에 대해 글을 쓰거나 도덕적 설교자의 분위기를 풍기는 연설을 하지 않으며, 눈에 띄는 방식으로 금욕주의자나 자선가 역할을 하지 않아야 한다는 확신을 얻게 되었다. 마찬가지로 수사적이고 정치적인 말과 그 밖의 미사여구를 멀리하고, 집에서 의전복을 입고 돌아다니는 것과 같은 행동을 하지 않아야 할 것이다. 나는 또 루스티쿠스로부터 배웠다. … 나를 모욕하는 사람들과 나의 적대자들이 다시 마음을 돌리려는 기색이 보이기만 해도 기꺼이 화해하려고 하고, 피상적인 독서에 만족하지 않고 책을 주의 깊게 읽어야 하며, 수다쟁이들에게 성급하게 동의하지 않는 것을 …."

우리는 우리에게 경고하거나 우리를 안락함에서 끄집어내는 사람들에게 감사할 수 있다. 심지어 과거에 불편했던 경험이 더 나은 방향으로 변화하는 데 도움을 주었다면, 시간이 지난 후에는 그 경험에도 감사할 수 있다. 그러나 어떤 사람이 부정적 동기에서 꾸민 일이 좋은 결과를 가져왔다고 해서 그 사람에게 감사할 필요는 없다. 우리는 좋은 변화와 결과에는 감사할 수 있지만, 변화를 일으킨 사람에게 감사할 수는 없다. 그는 다른 의도에서 행동했기 때문이다. 예를 들어, 한 동료가 당신에 관한 나쁜 소문을 퍼뜨리는 바람에 당신은 직장을 옮겨야 했다. 그런데 당신이 회사를 옮기고 얼마 지나지 않아 전에 다니던 회사가 망했다. 이런 상황에 대해 당신은 감사할 수 있지만, 나쁜 소문을 퍼뜨린 이직의 원인 제공자에게 감사할 수는 없다.

그러나 감사는 감사를 표하는 사람의 주관적 삶의 질을 개선하는 감정을 넘어선다. 감사는 사회적 결속을 유지하는 일종의 접착제다. 일상에서 누구도 감사를 표현하지 않는 사회를 상상해 보라. 누구도 더는 감사를 표현하지 않는다면, 우리 삶을 풍요롭게 만들고 유지해 주는 모든 작은 호의가 머지않아 사라질 것이다. 이마누엘 칸트는 이 문제에 관해 이렇게 말했다. "이것의 훼손은 선행의 도덕적 동기를 근본적으로 제거할 수도 있다."[31] 친절한 인사, 뒷사람을 위해 문을 잡아 주는 일, 작업자가 간단한 수리를 하면서 비용을 청구하지 않는 것 등 이 모든 일은 대개 이런 베풂을 받은 사람이 감사를 표현하기 때문에 일어난다. 감사는 받는 사람으로부터 대가를 기대하지 않고, 기꺼이 봉사하거나 친절을 베푸는 선행에 주어지는 '보상'이다. 그러나 타인을 위해 무언가를 하려는 마음도 이런 선한 행동이 기본적으로 당연하게 받아들여진다는 느낌을 받으면 점점 사라진다. 이런 경우에 이용당하고 있다는 느낌이 우리 사이에 생겨난다. 이 느낌은 불편한 상황을 만든다. 결국 베풂이 사회관계를 더 냉랭하고 불친절하게 만들었으므로 친절한 행동이 모든 이에게 손해라는 판단을 내리게 된다.

당신이 '감사하는 마음 단계'를 조금 높이고 싶다면 일기 쓰기가 도움이 될 것이다. 매일 저녁 그날 감사했던 일 세 가지를 일기에 쓰는 것이다. 당연히 처음에는 아주 작게, 하루에 한 가지 감사한 일에서 출발할 수도 있다.

세상과 친구 되기가
의미 있는 이유

성경에 충실한 사람들에게 세상과 친구가 되라는 말은 결코 긍정적으로 들을 수 없는 조언일 것이다. 야고보 서간(4,1-4)에 세상의 친구는 하느님과 적대 관계에 있다는 말이 직접 나오기 때문이다. "세속의 친구가 되려고 하는 자는 하느님의 원수가 됩니다." 내가 보기에 야고보 서간의 논리는 지나치게 흑백으로 단순화한 것 같다. 여기서는 이것을 다루기보다는 세상과 친구 되기라는 생각을 좀 더 깊이 들여다보려고 한다.

여기서 내가 말하는 세상과 친구 되기는 삶의 모든 측면에 관여하고, 삶을 능동적으로 구성하여 그 삶을 즐기는 것을 의미한다. 삶을 대하는 두려움이 클수록 세상과 우정을 가꾸는 데 성공할 가능성이 낮아진다. 삶과 세상과 긍정적 관계를 맺는 일은 의미 있는 경험을 하는 데 도움을 준다.

이런 이유로 이 장에서는 내가 생각하기에 삶의 충만함과 깊이를 경험하는 데 도움을 주는 몇 가지 측면을 설명하려고 한다.

한눈팔기라는 고도의 기술

우리 시대에 한눈팔기를 찬양하는 것은 위험하다. 많은 사회 비평가는 우리가 극도로 쾌락을 찾고, 번번이 산만하게 한눈을 파는 바람에 시급히 다루어야 하는 중요한 사회 과제들을 보지 못한다고 확언한다. 이에 더해, 서양의 삶이 기본적으로 산만하기에 서양 사회가 피상적이고 쾌락적이라는 비판도 있다. 또한 삶의 의미는 적어도 한눈팔기와는 아주 많이 동떨어진 가치처럼 느껴진다. 의미는 깊이와 관련이 있고, 한눈팔기는 피상성과 관련이 있는 것처럼 보이기 때문이다.

서양 사회에서 소비의 역할은 중요하고, 여가와 오

락을 중심으로 수조 원 규모의 산업이 발전했다는 것은 틀림없는 사실이다. 그러나 나는 한눈을 잘 파는 능력이 기쁨을 위한 중요한 전제 조건이라고 확신한다. 한눈을 잘 파는 능력이란 의미 없이 즐겁게 시간을 보내는 능력이 아니라, 비록 짧은 시간 동안만 성공하더라도 삶의 즐거운 면에 계속 연결할 수 있는 전략을 안다는 뜻이다. 이런 능력은 위기 때 대단히 큰 도움이 될 수 있는데, 이 능력이 있으면 부담과 스트레스가 큰 상황에서 짧은 휴식을 취할 수 있기 때문이다. 영국의 위대한 수학자이자 인문학자인 버트런드 러셀은 한눈 잘 파는 능력을 "사물에 우호적으로 참여하기"[32]라고 아름답게 표현했다. 이 말은 삶이 우리를 위해 마련한 다양한 일들에 열정을 쏟는다는 뜻이다. 러셀은 이 기술을 존재의 기쁨이라고 불렀다. 나는 이 표현이 아름다운 개념이면서 동시에 한눈팔기의 핵심을 대단히 훌륭하게 설명한다고 생각한다. 그 핵심이란 이 세상에서 삶에 의식적으로 참여하고 즐기려는 마음을 의미한다.

무언가에 참여하는 능력은 또한 우리 삶이 일차원에 머무르는 것을 막아 준다. 일이나 가족 같은 단 한 가지로 자기 삶을 규정하고 다른 일에 전혀 관심이 없는 사람은 타인이 보기에 지루해 보일 수 있다. 우리가 친교를 맺고 싶어 하는, 영감이 넘치는 사람들은 타인과 관계를 맺는 재능 이외에도 종종 대단히 다양한 주제에 관심이 많다. 그들은 삶의 다양한 측면에 몰두하므로 삶의 여러 영역에서 감동과 깊이 생각할 거리, 흥미로운 일과 재미있는 일을 제공한다. 예를 들어, 취미가 있는 사람은 지루함이라는 주제와 거의 만나지 않는다. 그는 자신의 주의력을 긍정적으로 돌리는 일에 몰두할 수 있기 때문이다. 우리가 세상에 있는 사물에 우호적으로 참여하면서 격퇴할 수 있는 것은 지루함만이 아니다. 자기 직업밖에 모르거나 가족에만 몰두하는 사람은 좁은 시야에 갇힐 뿐만 아니라, 가족과 직업 영역에서 문제가 생길 때도 과도하게 흔들리곤 한다. 삶의 에너지 전부를 한 영역에만 집중하면서 그곳에서 벗어날 탈출구를 찾지 못하기 때문이다.

버트런드 러셀은 어떤 일에 잘 몰두할 줄 아는 사람은 위기 때 도움이 되는 무언가를 갖고 있다고 확신했다. "외부 세계에 대한 진정한 관심으로 개인의 걱정을 잊을 수 있는 사람은, 그 관심이 트리엔트 공의회의 역사든 별이 빛나는 밤하늘이든 상관없이, 비인격적 세계로의 일탈에서 돌아온 후 새로운 균형감과 평온함으로 생각할 수 있는 최선의 방법을 이용하여 자신의 문제를 다룰 수 있을 것이다."[33]

한눈팔기는 힘든 상황에서 부정적 생각의 늪에 빠지지 않도록 도와주고 숨 돌릴 틈을 만들어 준다. 덧붙이자면, 버트런드 러셀이 보기에 술이나 약물로 의식을 흐릿하게 하는 일은 한눈팔기의 성공적 형태가 아니었다. 부정적 생각의 문제는 그 자체로 동력이 될 수 있다는 데 있다. 우리는 무한 동력처럼 끝없이 계속해서 돌아가는 부정적 생각의 소용돌이에 빠져 해결책에 가까이 다가가지 못한다. 이런 생각의 쳇바퀴에서 벗어나려면 대단히 큰 의식적인 노력이 필요하다. 이런 상황에서 한눈팔기 전략을 잘 사용하면 이런 소용돌이에 빠지지 않을 수 있다. 오해를 막기 위해 한마디 덧붙이자면, 문제와 씨름하는 것과 부정적 생각에 얽매이는 것은 완전히 다르다. 문제와 씨름하는 것은 해답을 찾는 일이다. 생각의 쳇바퀴에는 해답이 없다. 핵심은 당면한 문제와의 씨름을 계속 회피하라는 게 아니라 부정적 생각의 소용돌이에 휘말리지 말자는 것이다.

그러나 사용 가능한 시간 안에 해결책이 보이지 않는 부담스러운 상황도 있다. 바로 이럴 때 숨을 고르게 해 주고, 버거운 상황에서 우리의 관심을 돌려 다른 무언가에 몰두하게 해 주는 작은 휴식이 도움을 준다. 러셀이 말했듯이, "사물에 대한 우호적 관심"을 갖는 법을 배운 사람은 좋은 시기에 일종의 도구를 개발하여 좋지 않을 때 유용한 도움을 받을 수 있다. 위기는 많은 시간이 필요한 분야에서 주로 일어난다. 만약 우리에게 즐거움을 주는 것이 이런 분야 이외의 영역에도 존재한다면, 우리는 적어도 잠시 걱정과 어려움에서 벗어날 수 있을 것이다.

"외부의 흥밋거리가 진정 효과가 있는 것은 적극적 개입을 요구하지 않아서다."[34] 우리는 직업이나 가족 문제에 대해서는 대응해야 하지만, 적절한 상황이 되면 각자의 관심사로 주의를 돌릴 수 있다. 이 문제들은 우리 안에 있는 실존적 차원을 건드리지 않는다. 이 일들은 우리에게 행동을 강요하지 않는다. 뜨개질은

십자말풀이처럼 정확히 그 자리에 아무런 손상도 입지 않은 채 머물 수 있고, 언젠가 나중에 다시 시작하여 마무리할 수 있다.

당신은 정신적 한눈팔기가 가져오는 긍정적 효과를 이미 경험한 적이 있을 것이다. 어떤 일에 힘을 쏟고 헌신하는데도, 예를 들어 어떤 프로젝트를 실행하거나 어떤 문제의 해답을 찾으려고 애쓰고 노력하는데도, 아무런 진전이 없을 때가 있다. 노력을 더 많이 할수록 더 적은 일이 일어난다. 그다음에 당신은 잠시 그 일 전체를 그냥 내버려두기로 결정한다. 그렇게 완전히 다른 일을 하는 동안, 해답을 찾으려는 아무 활동도 하고 있지 않을 때 갑자기 당신은 해답을 얻는다. 우리에게 탁월한 의미는 없어도 기쁨을 주는 일에 몰두하는 것이 바로 이런 이완 상태를 제공할 수 있다.

세네카도 휴식이 우리 정신에 얼마나 중요한지 이미 알았다. "우리 정신은 늘 같은 긴장을 유지해서는 안 되며, 가끔 즐거움도 있어야 한다. 그렇게 소크라테스는 소년들과 노는 것을 부끄러워하지 않았고, 카토는 공공의 행복을 걱정하느라 소진된 정신에 포도주를

마시며 휴식을 주었다. … 우리 정신은 휴식이 필요하다. 충분히 휴식을 취했을 때 우리는 새로운 동력을 얻어 앞으로 나간다. … 농담과 놀이가 우리에게 어떤 자연스러운 즐거움을 제공하지 않는다면, 확실히 사람들이 그것에 그리 강하게 끌리지는 않을 것이다."[35]

세네카를 피상적 놀이 문화의 옹호자라고 비난할 수는 없을 것이다. 세네카는 지나친 긴장과 진지함을 오랫동안 유지하는 것이 유용하기보다는 해롭다는 것을 삶의 경험을 통해 충분히 깨달았다. 즐거움과 소비를 통해 오랫동안 지속되는 만족을 기대하는 사람들이 있듯이, 어떤 사람들은 의미 충족을 위한 노력을 경직된 진지함과 연결하기도 하는데, 이 어색한 진지함은 세상을 향한 경멸과 결합된 경우가 많다. 그러나 의미는 세상에 대한 무거운 태도와 거부에서 생기는 게 아니라 삶을 위한 적극적인 참여와 헌신에서 충족된다. 삶을 향한 헌신에서 내면적 쾌활함은 좋은 동반자다. 또한 헌신을 통해 쾌활함이 성장할 수도 있다. 삶을 사랑하는 사람은 한눈팔기와 재미의 중요성을 안다. 완고한 진지함은 정신적 깊이를 보여 주는 게 아니라 삶의 기쁨이 부재하다는 징표다. 사물에 대한 우호적 관심과 참여는 이런 삶의 기쁨을 유지하는 데 도움을 주는 유용한 도구다.

쾌락이 있는 삶

쾌락도 한눈팔기와 비슷한 반응을 부른다. 우선 쾌락은 의미와 관련이 없는 것처럼 보이고 부당한 비판을 받기도 하는데, 쾌락이 종종 소비와 헷갈리기 때문이다. 현대 소비문화에서 쇼핑에 취해 살아가는 사람들 중에 쾌락의 진정한 의미를 아는 사람은 거의 없다. 쾌락을 즐기려면 시간과 여유가 필요하지만, 소비에 필요한 것은 충분한 돈뿐이다. 오늘날 소비 활동은 자원의 엄청난 소비와 낭비를 동반한다. 쾌락은 반드시 그렇지는 않다. 나는 쾌락을 인간 전체와 관련된 현상으로 서술하려고 한다. 쾌락은 감각, 육체, 의식과 관련이 있다.

내가 보기에 향락적 소비문화가 쾌락 문화가 아닌 것은 육체를 대하는 방식에서 드러난다. 여기서 핵심은 특히 수련과 자기 최적화다. 수련과 자기 최적화는 금욕주의의 한 형태이지만, 전통 종교와는 다르게 세상을 향한 적대감이 아니라 몸을 잘 다듬어 세상에서 더 잘 존재하려는 바람에 기반한다. 사람들은 겉으로 보이는 최고의 자기 모습을 만들기 위해 자기 몸을 괴롭히고, 가꾸며, 자신을 '형성'한다. 여기에 몸만들기 열풍과 다이어트 강박증이 종종 함께 등장한다. 가능한 한 짧은 시간에 근육량을 최대로 늘리거나 꿈에 그리던 날씬한 몸매를 얻는 데만 초점을 맞추어 수많은 운동 기구를 사고 식단을 짜는 사람은 즐기는 사람이 아니다. 이런 사람은 그 과정에서, 그리고 목표에 도달한 다음에도 운동 제품, 적합한 의류, 화장품 등을 사용하는 소비자에 가깝다.

그러나 자기 몸의 완벽한 외형이 아니라, 건강에 가장 좋은 것은 무엇인지, 혹은 환경에 도움이 되는 것은 무엇인지에 초점을 맞추는 경우에도 쾌락을 지향하는 태도보다 금욕주의의 영향을 받은 태도가 종종 더 드러난다. 몸과 건강에 가장 좋은 것에 관한 지식이 패션쇼 런웨이에서 발표되는 유행보다도 더 빠르게 변하는 상황에서 늘 올바른 음식만 먹으려고 고집스럽게 주의하는 사람은 거의 아무것도 즐기지 못한다. 쾌락에는 즐기기 이외의 목표가 없기 때문이다. 즉, 쾌락의 목표는 하나 혹은 여러 개의 즐거운 감각을 의식적으로 인지하고, 느끼고 음미하는 일이기 때문이다.

음식이라는 주제를 보면 최소한 독일 사람들은 쾌락 문화와 동떨어져 있다는 것이 선명하게 드러난다. 음식에서 쾌락의 요소를 고려한다고 해서 식재료의 생산과 관련된 생태적 · 윤리적 차원을 무시한다는 뜻은 아니다. 그러나 음식이란 주제에서 종교의 대용물을 찾는 사람은 정크 푸드를 분별없이 먹어 대는 사람만큼 쾌락과 거리가 멀다.

내가 말하는 욕망과 쾌락은 삶의 기술을 의미한다. 이 기술은 삶의 피상에만 머물러 유행에 따라 사라지는 것이 아니라 우리를 더 높은 삶의 질과 성공과 좋은 삶으로 이끌어 준다. 내가 보기에 안타깝게도 이름이 잊힌 고대 그리스 철학자 아리스티포스가 쾌락이라는 삶의 기술을 조금 더 상세하게 설명해 주는 것 같다. 기원전 435년 리비아 키레네에서 태어난 아리스티포스는 소크라테스의 제자다. 처음에는 이 사실에 의아할 수도 있는데, 소크라테스는 철학사에서 쾌락주의자로 분류되지 않기 때문이다. 아리스티포스와 그의 학파는 무엇이 좋은 삶을 만드냐는 질문에 실제로 이렇게 대답했다. 그것은 관능성, 즉 유쾌한 감각적 자극을 의식적으로 인식하고 경험하는 능력이다. 그러나 아리스티포스는 천박한 호색한이 아니었고, 쾌락의 능력과 검소함을 겸비한 쾌락주의자이자 자선가였다. 심지어 그는 깊은 평정심을 보여 주는 사람이었다고 알려져 있다. 한편, 아리스티포스에게는 아레테라는 딸이 있었는데, 아레테는 아버지로부터 철학자 훈련을 받은 후 나중에 학교 운영의 책임을 넘겨받았다. 아리스티포스의 쾌락 프로그램에서 중요한 것은 오늘날 모든 사람이 입에 올리는 한 가지 기술과의 결합이었다. 바로 마음 챙김과 쾌락의 결합이다. 아리스티포스에게 참된 쾌락의 삶이란 즐거운 순간들을 주의 깊게 인식하고 그 순간들에 참여하는 것이다. 자기 삶과 주변 세계를 의식적으로 인지하는 능력은 의미 경험에서도 유용한데, 의미는 다양한 요인에서 생겨나기 때문이다. 삶의 의미를 생성하는 다양한 요인 중 하나가 관능성과 연결된 삶의 즐거움이다.

진정으로 삶을 즐길 줄 아는 사람들은 주변 사람들에게 유쾌하고 편안한 태도를 매우 자주 보여 주는데, 나는 이것을 대단히 인상적인 특성으로 생각한다. 아마도 이런 모습은 아름답고 즐겁고 편안한 것에 더 관심을 두려는 그들의 성향과 관련이 있을 것이다. 이런 성향이 있는 사람은 타인과의 관계에서도 부정적인 것에 주의를 덜 쓰면서 공동생활을 점차 편하게 만들 수 있을 것이다.

그런데 왜 아리스티포스가 속한 키레네학파는 감각적 쾌락에서 좋은 삶을 이끌어 가는 결정적 도구를 보았고, 반면 다른 대부분의 철학 전통은 금욕까지는 아니더라도 최소한 중용을 선택의 수단으로 강조했을까? 경험을 중시하는 사상가로서 키레네학파는 직접 경험과 체험이 가능한 것에서 출발했다. 쾌락 및 불쾌는 만족 및 불만족과 연결되는 기본 감정이다. 그들은 어린아이들조차, 심지어 동물들도 쾌락을 추구하고, 대부분 고통의 형태로 나타나는 불쾌함을 피하려고 노력하는 것을 보았다. 우리는 우리에게 좋은 것을 원하고 즐거움을 느끼고 싶다. 동시에 우리는 불쾌한 것을 피한다. 나는 지난 이천오백여 년 동안 인간의 이런 성향이 거의 변하지 않았다고 생각한다.

키레네학파는 모든 욕망이 진정 최고의 쾌락으로 채워질 필요는 없다는 것을 알았다. 장기적으로 볼 때, 강렬한 욕망은 오히려 사람을 가끔 불행하게 만들기 때문이다. 특히 그 욕망이 행동을 통제하여 주변의 다른 모든 것에 눈을 멀게 할 때 그 사람은 더욱 불행해진다. 키레네학파의 이런 쾌락 이해를 적정 온도의 쾌락이라고 말할 수 있을 것이다. 뜨거운 음식이나 음료에 입을 덴 적이 있는 사람이라면 적정 온도를 안다. 그러나 적정 온도는 결코 김빠진 맛과 동일하지 않다! 그래서 나는 쾌락에 관한 키레네학파의 가르침이 우리 시대에 쾌락을 훈련하는 좋은 모델이라고 생각한다.

아리스티포스는 자기 욕망의 지배를 받는 사람은 실제로는 자유롭지 못하다는 것을 알았다. 마찬가지로 욕망을 억제하는 사람도 자유롭지 못하다. 그러므로 진정한 쾌락으로 가득 찬 삶을 원하는 사람은 자기 욕망을 다루는 법을 배워야 한다. 욕망의 노예가 되어서도, 욕망을 억압해서도 안 된다. 아리스티포스는 이 명제를 다음과 같이 훌륭하게 표현했다. "욕망을 억압하는 사람이 아니라, 욕망을 즐기지만 욕망에 휩쓸려 가지 않는 사람이 욕망을 지배한다. 말과 배를 이용하지 않는 사람이 아니라, 원하는 방향대로 조정하는 사람이 말과 배를 지배하는 것과 같다."[36]

현대의 소비자는 자신의 소비 욕구에 사로잡힌 사람들이다. 고대의 소비자들도 마찬가지였을 것이다. 아리스티포스는 욕구 감정을 아주 좋은 것이라고 여겼지만, 늘 새로운 욕구 경험을 추구하다 보면 중독에 빠져 빠르게 자유를 잃어버릴 수 있다는 것도 알고 있었다. 아리스티포스가 이천오백여 년 전에 위험으로 인식했던 것을 오늘날 신경생물학이 증명해 준다. 뇌의 소위 쾌락 중추가 활성화되면 우리는 단기 행복을 느끼고, 그때 맛보는 좋은 기분 때문에 그 단기 행복을 반복하고 싶어 한다. 이런 상황은 건강에 해로운 악순환을 불러올 수 있다.

잘 즐기기 위해서는, 현대적 용어로 표현하자면,

충동 조절 같은 게 필요하다. 즐길 줄 아는 것은 기다릴 줄 아는 것과 깊은 관계가 있다. 잘 알려져 있듯이, 기대감이 가장 아름다운 즐거움이다. 올바른 시기, 올바른 준비, 올바른 상황 등 이 모든 것이 쾌락에서 중요한 역할을 한다. 이런 이유로 진정한 쾌락은 목적 없는 시간이자 아무것도 없어도 되고 많은 것이 허용되는 시간인 여가와 관련이 있다. 쾌락은 즐기려는 그 일에 익숙해지고 몰두할 것을 요구한다. 소비에서는 이런 노력이 반드시 필요한 것은 아니다.

아리스티포스는 쾌락에 의존하는 악순환에 빠질 위험을 방지하는 수단으로 금욕주의는 적절하지 않다며 거부했다. 금욕주의는 욕망을 올바른 길로 이끄는 게 아니라 아예 없애 버리려고 하기 때문이다. 아리스티포스의 말을 빌리면, 올바른 길은 쾌락의 포기와 쾌락 속 자아 상실이라는 양극단 사이에 있다. 욕망과 함께하지만, 욕망의 노예가 되지 않으면서 이런 중도의 길에 도달할 수 있다. "욕망을 거부하는 것이 아니라 욕망을 다스리고 욕망에 굴복하지 않는 것이 진정 칭송할 만한 일이기 때문이다."[37]

나는 이 중도의 길이 진정한 쾌락과 탐닉을 구별 짓는다고 생각한다. 무언가를 탐닉할 때 인간은 자신을 잃어버린다. 탐닉에 빠지면 일정 시간 동안은 자극이 유지될 수 있지만, 장기적으로는 그 자극이 효력을 잃는다. 쾌락을 즐길 줄 아는 사람은 방향을 정하고 항로를 잃어버리지 않고 운항하는 항해사와 같다. 그런 항해사는 대개 편안하면서도 즐거움이 가득한 삶이라는 목표에 도달한다.

돈과 의미의 관계

행복은 돈으로 살 수 없다는 명제는 여러 지혜 전통이 공유하는 믿음이다. 그리스 고대 철학 사조 대부분은 무욕과 금욕을 더 좋은 삶으로 들어가는 입장표로 여겼다. 행복은 종종 순전히 비물질적 가치와 연결되었다. 이런 믿음은 오늘날까지도 유효했다. 그런데 이런 명료한 생각이 실제로 타당한 것인가라는 의문이 제기된다. 오히려 돈은 삶에서 많은 일을 더 쉽게 만들어 주는 목적을 위한 수단이 아닐까?

미국 심리학자 에이브러햄 매슬로가 만든 욕구 단계를 살펴보면, 인간 발달의 기초는 생존의 보장이다. 사회가 발달하고 복잡해질수록 생존 보장을 위해 더 많은 것이 요구된다. 고도로 발달한 사회에서는 굶어 죽거나 얼어 죽을 위험이 없는 것이 생존 보장의 충분한 요소가 아니다. 이런 사회의 구성원들에게는 사회의 특정 영역에 참여하는 일이 가능해야 한다. 이런 사회 참여는 많은 경우 경제 자원과 연관되어 있다. 이러한 이유로, 산업화된 선진국의 가난한 사람들이 나머지 세계에 있는 다수와 비교할 때 여전히 더 많은 특권을 누리고 있다고 설명하는 것은 의미가 없다. 자신이 살고 있는 사회의 평균보다 훨씬 적게 가지고 있어서 여러 사회적 일에 참여하지 못하는 사람은 가난할 뿐만 아니라 그들의 삶의 질 또한 크게 저하되어 있다. 우리는 보통 자신이 직접 경험하는 생활환경에 더 큰 관심을 두며, 주변의 경제 상황이 자신보다 두드러지게 나아 보이면 불만을 느낀다. 다양한 심리 실험이 이런 현상을 보여 준다. 그중 전설적인 실험은 하버드 대학교 학생들을 대상으로 실시한 설문 조사였다. 이 설문 조사에서는 다른 사람들이 20만 달러를 벌 때 자신은 10만 달러를 버는 것과, 다른 사람들이 2만 5천 달러를 벌 때 자신은 5만 달러를 버는 것 중 어느 것이 더 좋은 지를 물었다. 학생 대부분이 후자를 선택했다.

소수의 철학자만이 삶의 만족에서 돈이 지닌 의미를 인식했고, 아리스토텔레스도 그중 한 명이었다. 아리스토텔레스는 행복의 최고 형태가 지적 활동이라고 생각했지만, 재정적 후원이 든든하면 이런 지적 활동을 훨씬 편안하게 할 수 있다는 것을 알았다. 구약성경에서도 행복은 철저하게 하느님의 베푸심과 연결된다. 아브라함처럼 탁월한 사람은 큰 재물을 소유할 수 있었다. 구약성경 시대에 금지되었던 것은 가난에 시달리는 사람에게 이자를 받는 행위였다. 이자 때문에 생겨나는 빚의 굴레는 부도덕하고 비난받아 마땅한 일로 여겨졌다.

한 새로운 연구는 재정 여유가 삶의 질을 보장하는 데 확실히 도움을 준다는 사실을 밝혀냈다. 이 연구에 따르면, 아주 부유한 사람들이 적게 가진 사람들보다 삶의 만족도가 더 높다. 지금까지의 연구들, 특히 미국에서 진행된 연구들은 일정한 소득 수준, 보통 중상 수준의 소득에 도달하면 부의 증가에 따른 삶의 만족도가 더는 올라가지 않는다고 확신했다. 그러나 이 연구 결과들은 사실이 아닌 것 같다. 코로나 상황을 생각해보면, 더 많은 재산이 삶의 질을 높일 수 있는 이유가 분명해진다. 넓은 주거 환경을 갖춘 사람, 예를 들어 시골에 정원이 딸린 집을 갖고 있거나 경치 좋은 지역에 별장을 소유한 사람은 작은 주택에서 많은 자녀와 살아야 하는 가족보다 엄격한 봉쇄 상황에서 제한받는다는 느낌을 덜 받았을 것이다. 고정된 수입과 충분한 자산이 있는 사람은 코로나 봉쇄 상황에서도 프리랜서들에 비해 큰 걱정이 없었다. 많은 프리랜서가 코로나 봉쇄 정책 때문에 돈 벌 기회를 잃어버리고 생활을 위해 연금보험을 해지해야 했기 때문이다.

장기적으로 볼 때 돈이 없으면 삶의 질에 부정적인 영향을 미친다. 장기간 돈이 부족한 사람은 문제가 많은 지역에서 살 수밖에 없다. 이런 지역에서는 높은 실업률, 비좁은 주거 환경, 우범지대가 더욱 늘어나는 방치된 공공 공간의 문제 등이 있을 수 있다. 충분한 돈이 있는 사람은 질 좋은 음식을 먹고, 건강을 미리 돌보며, 가족에게 더 나은 삶의 기회를 제공할 수 있다. 여러 서비스를 이용하여 일상생활에 필요한 일들을 줄일 수도 있다. 그것을 통해 즐거움과 충만함을 주는 무언가를 할 수 있는 시간 여유가 생긴다. 이렇게 돈은 더 많은 가능성을 제공할 뿐만 아니라, 제공된 가능성을 통해 다시 삶의 질이 더 나아진다.

돈이 없거나 많지 않아도 할 수 있는 좋은 일도 많다고 반박할 수 있을 것이다. 예를 들어, 등산을 하면서 자연을 즐길 수도 있고, 음악을 연주하거나 동호회에서 함께 운동도 할 수 있으며, 그림 그리기, 합창단에서 노래하기 등도 즐길 수 있다. 이 말은 맞다. 그리고 다행히 이런 일에서 큰 기쁨을 얻는 사람도 많다. 그러나 다른 일을 할 능력이 없어서 그 일을 하는 것과 할 수 있는 일이 많음에도 의식적으로 한 가지 일을 선택하는 것 사이에는 차이가 있다. 후자의 경우라면 당신은 삶을 꾸려 가는 통제권을 갖고 있지만, 전자의 경우에는 외부 환경이 할 일을 강요한다. 포기와 절제라는 생각이, 물질적으로 넉넉하면서 생태 문제에 적극 개입하는 집단에서는 사랑받지만, 사회 전반에서는 같은 열정을 불러오지 못하는 이유가 아마도 이것일 것이다. 이 포기와 절제는 주로 소비재, 해외 여행 혹은 자동차 이용과 같은 분야에서 등장하고, 생활양식으로서의 미니멀리즘은 거의 언제나 기존 소유물을 줄이는 데서 나온다. 포기와 내려놓음은 해방으로 경험될 수도 있다. 그러나 포기할 수 있는 게 없는 사람은 이런 열정을 공유할 수 없을 것이다. 터무니없이 들리겠지만, 포기를 감당할 수 있을 때 포기할 수 있는 것이다. 낡은 겨울 외투가 여전히 쓸 만해서 자유의지로 새 외투 구매를 단념하는 것과 새 외투를 구매할 여력이 없어서 낡은 외투를 계속 입어야 하는 상황은 그 느낌이 전혀 다르다.

돈의 흥미로운 특성은 그 가치가 오로지 사람 사이의 관계 안에서만 매겨질 수 있다는 것이다. 외딴섬에 홀로 사는 사람은 돈이 필요 없다. 그 사람은 돈을 쓸 데가 없고, 그래서 돈이 가치가 없다. 그러나 여러 사람이 모이자마자 돈은 그 집단 안에서 교환 수단으로서 가치를 얻는다. 돈을 더 많이 가진 사람이 더 많은 가능성을 갖는다. 교환 수단이라는 돈의 핵심 의미가 사라지고, 돈이 수단에서 목표로 변형될 때 돈과의 관계에서 문제가 생긴다. 베를린 출신 철학자 게오르크 짐멜은 20세기 초반 돈이라는 주제를 깊이 있게 다룬 몇 안 되는 철학자이자 사회학자다. 짐멜은 당시에 돈이 종교를 대신하는 일종의 대체물이 되었다고 증언했다. 이 책이 1900년에 출판되었다는 점을 고려하면, 짐멜이 우리 시대를 어떻게 평가할지 상상할 수 있을 것이다. 그런데 돈 자체가 목적으로 변환하는 것은 돈의 본질적 특성이 아니라 인간의 결정에 따른 일이다. 돈을 수단으로 볼 것인지, 아니면 인생에서 유익하고 추구할 만한 유일한 목표로 볼 것인지는 인간에게 달려 있다. 돈을 인생 최고의 목표로 정한 사람은 벗어나기가 거의 불가능한 소용돌이에 빠져든다. 돈을 버는 일은 끝이 없는 과정이기 때문이다. 이와 반대로, 돈을 목표에 이르는 수단으로 사용하는 사람은 돈과 자유로운 관계를 유지할 수 있다.

짐멜은 화폐 경제가 인간에게 더 많은 자유와 개체성을 제공했다고 지적한다. 중세 시대 농부는 영주에게 봉건적 의무를 질 뿐 아니라 인격적으로도 종속되었다. 반면, 자본주의 시대에 고용주에게 임금을 받는 노동자는 더는 인격적 종속 의무가 없다. 노동자는 새로운 일자리를, 예를 들어 더 많은 임금을 주는 일자리를 찾을 수도 있고, 자신의 프로젝트를 실현할 수도 있다. 그러나 짐멜은 인류가 강제에서 벗어나 새롭게 얻은 이 자유를 자신의 장점으로 발전시키는 데 실패했다고 확신했다. 짐멜은 이 실패의 결과가 현대인들이 직면하는 내면의 공허라고 말한다. 짐멜에 따르면, 현대인은 이 공허를 돈의 획득과 소유로 채우려고 한다. 짐멜이 사회 분석을 통해 적절하게 보여 준 것은 불가피한 현상 유지에 대한 설명이 아니다. 왜냐하면 우리는 돈으로 의미 있고 가치 있는 일을 하고 돈을 목표가 아닌 수단으로 보겠다는 결심을 단호하게 할 수 있기 때문이다.

우리는 적합한 경제적 자원을 이용하여 세상을 변화시키고, 세상이 모든 사람에게 더 나은 곳이 되는 데 기여할 수도 있다. 돈이 가진 이런 가능성 때문에 점점 더 많은 자산가가 재산의 일부를 생태, 문화, 사회적 문제를 다루는 재단에 기부하는 것 같다. 재단이든 후원이든, 돈이 없으면 불가능한 일을 가능하게 만드는 것은 결국 돈이다. 많은 긍정적 발전이 돈 때문에 가능하다. 예술과 문화도 지속적인 생존이 어느 정도 보장되고 경제적 자원을 이용할 수 있는 곳에서만 가능하다.

삶의 의미라는 출발점으로 다시 돌아가면, 이 주제는 돈과 관련이 있다. 돈은 우리가 창조적으로 일하고 세상에 좋은 영향을 미칠 수 있게 해 준다. 이런 일에서 우리는 충만한 의미를 경험한다. 당연히 돈이 많지 않아도 의미 있는 일을 할 수 있다. 그러나 어려운 생계를 꾸리기 위해 겹벌이를 하는 사람에게 자신에게 감동을 주는 일에 적극 참여할 자원은 거의 남아 있지 않다.

인간은 돈으로 이 세상에 영향을 미칠 수 있으므로 윤리적 기획에 투자하기 위해 많은 돈을 벌려고 노력하는 것이 합리적이라고 생각한다. 특히 효율적 이타주의가 이 생각을 적극 옹호하고 전파한다. 효율적 이타주의는 급진적 비용 편익 분석을 이용하여 윤리적 행동을 관리하려고 시도하는 현대 철학의 한 경향이다. 수입이 많을수록 자선 활동에 더 많이 기부할 수 있다. 그러므로 효율적 이타주의 관점에서는 돌봄 노동을 하는 직업보다 돈을 더 많이 버는 직업을 선택하는 것이 더 나을 수도 있다. 모든 행동은 가능한 한 더 많은 사람에게 긍정적 효과를 낳아야 하기 때문이다. 그러나 수입이 좋은 직업을 선택하여 많은 돈을 기부하는 일이 윤리적 관점에서 언제나 더 나은 일일까? 그 일이 다른 사람들의 비윤리적이고 반생태적인 행동을 가능하게 한다면, 이 상황이 윤리적으로 더 나은 일인지 의심해야 하지 않을까? 예를 들어, 기업 혹은 최고의 법무법인에서 아주 높은 급여를 받는 한 법률가가 수입의 팔십 퍼센트를 기부하지만, 그의 노력 덕분에 그 기업이 환경기준을 피해 갈 수 있다면 어떤가? 한편으로 그의 기부는 가난한 나라에 사는 사람들의 생명을 구할 수도 있지만, 다른 한편으로 그는 생태계 파괴에 공동 책임이 있다.

효율적 이타주의의 한 가지 기본 전제는 모든 생명이 동등하게 중요하다는 것이다. 그래서 효율적 이타주의자들은 늘 최대한 많은 사람을 돕기 위해 사용할 수 있는 돈을 투입해야 한다고 주장한다. 그러나 나는 이런 방식으로는 장기적으로 인류가 공존하기 쉽지 않다고 생각한다. 예를 들어, 우리는 사람들을 차별하여 대하지 않겠다고, 그리고 우리의 자원을 이용하여 언제나 최대의 결과를 달성하겠다고 의도적으로 결정할 수 있다. 이 결정대로라면, 사고 때문에 하반신이 마비되어 휠체어가 다닐 수 있게 집을 개조해야 하는 친구에게 돈을 기부하는 것보다 같은 금액으로 아프리카에 있는 어린이 백 명에게 치명적인 말라리아를 막아 줄 수 있는 모기장을 선물하는 게 더 나은 선택이 될 것이다. 그러나 친구나 가족 관계는 긴급한 상황일 때 상대가 자기 옆에 있어 줄 거라는 신뢰로 유지된다. 이 신뢰를 더는 기대할 수 없다면, 이런 특별한 관계의 기초는 무너질 것이다.

나는 여기서 효율적 이타주의와 논쟁할 생각은 없다. 다만 이 철학적 움직임의 맥락 속에서 드러나는 깊이 생각해 볼 만한 주제를 하나 지적하고 싶다. 그것은 돈이 많은 사람은 긍정적 창조의 기회를 다양하게 얻고, 윤리에 헌신하는 사람은 돈에 비판적 태도를 보이면서 창조의 기회를 종종 스스로 박탈한다는 것이다.

돈 그 자체는 전혀 부정적이지 않다. 우리가 사용하기에 따라 돈은 부정적 혹은 긍정적 효과를 낳는다. 한편, 돈을 갖는 것은 권력을 갖는 것도 의미한다. 돈과 권력의 이런 비례 관계 때문에, 몇몇 소수가 엄청나게 많은 돈을 가지면서 거대한 권력도 보유하는 시대에는 특별히 돈이라는 주제를 대단히 비판적으로 바라보게 된다. 이런 비판적 시선 때문에 권력 안에 근원적으로 내재하는 긍정적 창조력 또한 무시당하게 된다.

돈과 권력을 다룰 때 나타나는 한 가지 근본 문제는 외부의 명성과 지위를 대단히 중요하게 여기는 물질주의적 성격 유형이 이타적 성격 유형보다 돈과 권력에 더 매력을 느낀다는 점이다. 실제로 돈과 관련될 때 물질주의적 성향이 강한 사람들의 머릿속 보상 중추가 더 활성화된다. 문화사를 보면, 이런 성격 특성과 부는 부정적인 것이라는 종교적 신조가 서로 결합하면서 안타깝게도 동시대 사람들의 운명을 걱정하는 사람들이 세상을 개선하거나 창조하는 데 돈과 권력이라는 효과적 수단을 이용하지 않는 결과를 낳았다. 이런 이유로 권력과 돈에 대한 자신의 신념을 계속해서 비판적으로 점검하는 일은 유용할 수 있다. 어쩌면 우리는 권력에 따르는 책임을 떠맡고 싶지 않아서 타인에게 권력을 넘기는 것일 수도 있다. 어쩌면 우리는 돈을 사회적 지위나 속물성과 연결하기 때문에 다루기를 꺼리는지도 모른다. 돈이라는 주제에 관한 우리의 무의식적 확신의 원천은 그 뿌리가 깊다. 그러나 성공하는 삶을 위해서는 물질적 차원에 정당한 위치를 부여하는 것이 중요하다.

마지막으로 중요한 것은

영국 코미디언 그룹 몬티 파이선의 영화「삶의 의미」
를 본 사람은 아마도 이 영화의 결말도 기억할 것이다.
여자 아나운서 역할을 맡은 마이클 폴린이 삶의 의미
를 낭독한다. 그 내용은 다음과 같다. "이웃을 친절하
게 대하고, 기름진 음식을 삼가십시오. 항상 좋은 책을
읽고, 산책도 좀 하면서, 다른 종교와 나라에 속하는 모
든 사람과 평화롭고 조화롭게 살아가려고 노력하십시
오." 이 책에서 내가 설명했던 가장 중요한 요소들이
이 대사 안에 대체로 잘 요약된 듯하다. 다만 "기름진
음식"이란 주제에 대해서는 별도의 논의가 필요할 것
이다.

주

1 Camus, Der Mythos des Sisyphos, 15.

2 Schnell, Psychologie des Lebenssinns, 9장.

3 같은 책, 251.

4 같은 책, 10.

5 같은 책, 9.

6 Jaspers, Existenzerhellung, 203.

7 Arendt, Vita activa, 18.

8 Schnell, Psychologie des Lebenssinns, 72 이하.

9 Batthyány, Überwindung der Gleichgültigkeit, 39.

10 Mill, Utilitarismus, 43.

11 같은 책, 50.

12 Camus, Briefe an einen deutschen Freund, 27 이하.

13 Camus, Die Pest, 202.

14 Seneca, Moralische Briefe an Lucilius, 230.

15 건축가이자 도시 계획가인 얀 겔은 자신의 책『인간을 위한 도시』에
    서 과거 도시 계획가들이 지향했던 기준을 잘 보여 준다. 그 기준이
    란 자신의 감각을 이용하여 주변 공간을 천천히 탐색하는 보행자의
    관점이었다.

16 그러나 함마르뷔 셰스타드의 대부분 지역은 도시계획적으로 고전
    적 현대건축 개념의 특성을 보여 준다. https://www.bauwelt.de/dl/
    737627/10791659_e0c18b206b.pdf

17 Mark Aurel, Selbstbetrachtungen 12,26.

18 같은 책, 3,5.

19 같은 책, 3,4.

[20] Arendt, Freundschaft in finsteren Zeiten, 48.

[21] Aristoteles, Nikomachische Ethik 1171a.

[22] Cicero, De officiis, 114.

[23] Seneca, Von der Seelenruhe, 187.

[24] Cicero, De officiis, 114.

[25] Aristoteles, Nikomachische Ethik 1120a, 4권, 2장.

[26] 같은 책, 1장.

[27] Apophthegmata Patrum 486.

[28] Seneca, Über die Milde, 94.

[29] Kant, Metaphysik der Sitten, zweiter Teil, Ethische Elementarlehre §32.

[30] Cicero, De officiis 1,47; Rainer Nickel.

[31] Kant, Metaphysik der Sitten, zweiter Teil, Ethische Elementarlehre §32.

[32] Russell, Eroberung des Glücks, 107.

[33] 같은 책, 108.

[34] 같은 책, 152.

[35] Seneca, Von der Seelenruhe, 207.

[36] Aristipp, Antike Glückslehren, 50.

[37] 같은 책, 54.

참고문헌

Apophthegmata Patrum. Weisungen der Väter, Bonifaz Miller (Übers.), Trier, 6. Auflage 2003.

Hannah Arendt: *Freundschaft in finsteren Zeiten*, Berlin 2018.

Hannah Arendt: *Vita activa oder Vom tätigen Leben*, München, Zürich, 10. Auflage 1998[한나 아렌트『인간의 조건』이진우 옮김 (한길사 2019)].

Aristipp, in: *Antike Glückslehren*, Malte Hossenfelder (Übers. u. Hrsg.), Stuttgart 1996.

Aristoteles: *Philosophische Schriften, Bd. 3, Nikomachische Ethik*, Eugen Rolfes (Übers.), Jena 1909(아리스토텔레스『니코마코스 윤리학』).

Mark Aurel: *Selbstbetrachtungen*, Heinrich Schmidt (Übers.), Augsburg 2001(마르쿠스 아우렐리우스『명상록』).

Alexander Batthyány: *Die Überwindung der Gleichgültigkeit. Sinnfindung in einer Zeit des Wandels*, Kösel 2018[알렉산더 버트야니『무관심의 시대: 우리는 왜 냉정해지기를 강

요받는가』 김현정 옮김 (나무생각 2019)].

Albert Camus: *Der Mythos des Sisyphos*, Reinbek bei Hamburg 2014 (Originalausgabe 1942) (알베르 카뮈 『시지프 신화』).

Albert Camus: *Die Pest*, Reinbek bei Hamburg 1989 (Originalausgabe 1947) (알베르 카뮈 『페스트』).

Albert Camus: *Briefe an einen deutschen Freund,* in: *Fragen der Zeit*, Reinbek bei Hamburg 1960 (aus dem Vierten Brief, Juli 1944) [알베르 카뮈 『알베르 카뮈 전집 3』 「독일 친구에게 보내는 편지」 김화영 옮김 (책세상 2010)].

Katharina Ceming: *Spiritualität im 21. Jahrhundert*, Hamburg 2012.

Cicero: *De officiis. Über die Pflichten*, Rainer Lohmann (Übers.), https://www.romanum.de/latein/uebersetzungen/cicero/de_officiis/liber_1.xml.

Cicero: *De officiis. Vom pflichtgemäßen Handeln*, Rainer Nickel (Übers.), Düsseldorf 2008 [마르쿠스 툴리우스 키케로 『키케로의 의무론』 허승일 옮김 (서광사 2006)].

Diogenes Laertius: *Leben und Meinungen berühmter Philosophen*, Otto Apelt (Übers.), Hamburg 1998.

Epiktet: *Handbüchlein der Moral*, Kurt Steinmann (Übers. u. Hrsg.), Stuttgart 1992.

Epikur: *Von der Überwindung der Furcht*, Zürich 1990.

Viktor E. Frankl: *Der Wille zum Sinn*, Göttingen, 7. Auflage 2016[빅토르 프랑클『삶의 의미를 찾아서』이시형 옮김 (청아출판사 2017)].

Jan Gehl: *Städte für Menschen*, Berlin 2015.

Jeffrey A. Hall: *How many hours does it take to make a friend?* In: Journal of Social and Personal Relationships XX, March 2018, 1-20.

Karl Jaspers: *Philosophie der Existenzerhellung*, München, Zürich 1994 (Originalausgabe 1932).

Junger, Sebastian: *Tribe. Das verlorene Wissen um Gemeinschaft und Menschlichkeit*, München 2017[서배스천 융거『트라이브, 각자도생을 거부하라』권기대 옮김 (베가북스 2016)].

Immanuel Kant: *Metaphysik der Sitten*, in: *Werke in 10 Bänden*, Bd. 7, Wiesbaden 1983[이마누엘 칸트『도덕형이상학』이충진 · 김수배 옮김 (한길사 2018)].

John Stuart Mill: *Der Utilitarismus*, Stuttgart 2006 (Originalausgabe 1869)(존 스튜어트 밀『공리주의』).

Pythagoras: *Die goldenen Verse des Pythagoras*, Inge von Wedemeyer (Hrsg.), Heilbronn 2001.

Matthieu Ricard: *Allumfassende Nächstenliebe. Altruismus. Die Antwort auf die Herausforderungen unserer Zeit*, Hamburg 2016[마티유 리카르『이타심: 자신과 세상을 바꾸는 위대한 힘』이희수 옮김 (하루헌 2019)].

Bertrand Russell: *Eroberung des Glücks. Neue Wege zu einer besseren Lebensgestaltung*, Berlin, 18. Auflage 2012 (Originalausgabe 1930)[버트런드 러셀『행복의 정복』이순희 옮김 (사회평론 2005)].

Martin Seligman, *Christopher Peterson: Character Strengths and Virtues. A Handbook and Classification*, Oxford 2004.

Tatjana Schnell: *Psychologie des Lebenssinns*, Berlin, 2. Auflage 2020.

Carsten Schröder, Charlotte Bartels, Konstantin Göbler, Markus M. Grabka, Johannes König: *MillionärInnen unter dem Mikroskop*, DIW Wochenbericht 29/2020, 511–521; www.diw.de/de/diw_01.c.793802.de/publikationen/wochenberichte/2020_29_1/millionaerinnen_

unter_dem_mikroskop__datenluecke_bei_sehr_ho___
geschlossen_____konzentration_hoeher_als_bisher_
ausgewiesen.html#section6.

Seneca: *Moralische Briefe an Lucilius*, in: *Handbuch des glücklichen Lebens*, Heinz Berthold (Übers.), Köln 2005(세네카『루킬리우스에게 보내는 도덕적 편지』).

Seneca: *Von der Seelenruhe*, in: *Handbuch des glücklichen Lebens*, Heinz Berthold (Übers.), Köln 2005.

Seneca: *Über die Milde*, in: *Handbuch des glücklichen Lebens*, Heinz Berthold (Übers.), Köln 2005.

Georg Simmel: *Philosophie des Geldes*, vollständige Ausgabe der dritten Auflage 1920, Neuausgabe mit einer Biografie des Autors. Karl-Maria Guth (Hrsg.), Berlin 2016[게오르크 짐멜『돈의 철학』김덕영 옮김 (길 2013)].

Sven Stillich: *Was macht mich aus?*, in: *Zeit Wissen: Das macht mich aus*, Heft 5, 2019, 18-24.

Sara Tomšić: *Sinn und Zweck. Lass mal kleiner denken*, in: *Zeit Campus*, 3/2021, www.zeit.de/campus/2021-03/sinn-zweck-leben-generation-antrieb-handeln.

Rasmus Wærn: *Hammarby sjöstad. Vom Hafenareal zum*

Stadtquartier, in: Bauwelt 6/2005, www.bau-welt.de/ dl/737627/10791659_e0c18b206b.pdf.